에콜로지 보고서

이유준 시집

문학공원 시선 240

에콜로지 보고서

이유준 시집

내 고향 신정리는
지금 차곡차곡 비워지는 중이다
지난해까지 깔끔했던
동네 어귀의 논이 잡초로 그득하다
담과 벽이 허물어지고
또 한 채의 집이 풀숲이 되었다

문학공원

자서

부끄러워서

이건
아니라고
숨기고
가리어봐도

모두가 나라고 하니
시인할 수밖에

2024년 2월

이 유 준

차례

2부.

차례

3부.

4부.

차례

5부.

1부

전생 계약서

그는 심한 두통에 시달리고 있다 완전히 포맷되지 못하고 살아남은 마지막 한 줄의 기억이 그를 괴롭힌다. 이곳의 규정상 세상에서의 기억은 복제와 동시에 자동으로 지워진다 그는 기억회로가 고장 나 죽는 순간의 기억이 지워지지 않은 것이다 좀 더 폼나게 죽고 싶었는데 모양 빠지게 죽었다고 빨리 태어나서 다시 죽고 싶다고 했다 세상의 시간은 이곳에서 다르게 읽힌다 세상의 육십 년이나 십 년이나 일 년은 이곳에서 똑같이 하루로 계산된다 한 번 대여를 나간 영혼은 회수되면 메모리를 포맷하고 OS 업데이트해서 다시 하루 임대하는 방식이다 요즘 임대 해준 영혼에 남아있는 다른 사람의 흔적 때문에 고객의 클레임도 자주 받는다 이런 메모리 포맷 불량 사고는 큰 사고로 이어지기도 한다 그는 요즘 멋있게 죽고 싶다는 생각을 하다가 깜짝 놀라곤 한다 글을 쓰다가도 운전을 하다가도 잠을 자면서도 그런 엉뚱한 꿈을 꾼다 불량영혼이 입혀진 그는 자기 안에서 낯선 타인을 여러 번 만났다 그의 다중인격의 원인은 아마도 수천 번은 재사용한 중고 영혼인 듯하다 전생 계약서의 임대 조건에 도중 반납은 불가로 되어있다

섬

수십 번의 이별과 재회 때마다 그녀는
항구 떠난 배처럼 내가 돌아올 것을 알았다
버선발로 뛰어나와 반기지 않아도 그녀가 고마웠다
난 바위 같이 굳은 그녀의 입술이 좋았다
아무리 모진 풍파와 고문도
굳게 닫힌 그녀의 입은 열 수 없었다
그녀는 더럽혀지고 상처 입은 나를
치료해주고 뜨겁게 안아주었다
칠흑 같은 폭풍 속에서도
그녀를 향한 나의 집착은 충동질했다
그럴 때마다 그녀는 무심한 듯 한 걸음 물러서
적당한 거리를 지켜주었다
숭덩숭덩 털 빠진 수탉의 몰골로 또다시 그녀를 찾았다
머리 회전은 느려지고 맥박은 희미해졌다
그녀는 나를 데리고 늙은 소나무로 갔다
그리고 격한 이별 절차는 없었다
나는 또다시 고기잡이배처럼 그녀를 떠났다

어둠을 현상하다

초겨울이다
세상은 이미 패색이 짙다
태양도 시뻘겋게 용트림하더니 이내 힘을 잃는다
둥근 형체가 무너지고 온기도 점차 식어간다
아득해진 형체마저 흔적도 없이 어둠 속으로 용해된다
이윽고 밝음은 완전히 소멸하였다

빛이 사라졌다
사람과 동식물, 세상의 모든 형체가 사라졌다
어둠 속에 형상을 벗어놓은 영혼은 자유롭다
모든 감각기관과 시공간의 경계마저 사라졌다
죽은 것도 없고, 산 것도 없다
눈이 없으니 세상은 더욱 밝고
귀가 사라지니 아름다운 음악이 들린다
코가 없으니 향기로운 냄새로 가득하고
혀가 사라지니 만물과 소통이 가능하다

테스형도 만나고 성격 급해 먼저 간 친구도 만났다
해부하고 길바닥에 내던진 개구리도 만나 사과했는데
작대기로 두들겨 팬 뱀과는 여전히 서먹하다
꿀을 빨다 꽃 우물에 빠져 죽은 꿀벌도 사연이 있더이다

고통을 감내하며 싹을 틔워낸 늙은 고욤나무에 경의를 표하고
끝내 영주권을 얻은 분홍 낮 달맞이꽃의 등을 쓰다듬어 주었다

어린왕자를 만나러 가는 길
칠흑 어둠의 농도가 시나브로 묽어진다
영혼들이 벽에 걸어둔 각자의 형상을 찾아 입는다
지난밤의 비밀을 발설하면 가차 없이 밝음으로 추방이다
또다시 어둠을 높이 들어 밝음에 대어본다
어둠의 필름으로 세상의 틀을 현상한다

밝음을 거짓 찬양하며
다시 올 찬란한 어둠을 기다린다

흑산 바다 표류기

1.
쾌속선이 놀이공원의 바이킹을 탄 듯하다
수천 길 바다에서 불과 한두 길 정도의 물결이다
뱃머리는 사납고 미끄덩하는 순간 가슴이 서늘하다

흑산도 유배길에 오른 선인들의 심정은 어떠했을까
칠흑같이 검은 바다는 깊이를 가늠할 수도 없다
집채 같은 파도는 거품을 물고 덤벼든다
아득한 수면에는 이정표조차 없다
해와 달이 몇 번을 번갈아 뜨고 또 졌다
내장을 죄 뒤집어 보여준 뒤에야 그곳에 도착했을 것이다
옥(獄) 섬은 한번 발을 들이면 살아나가기 어려웠다

육지가 못 견디게 그리워 속 태우던 아가씨도 이제는 없다
우이도로 마중 나가 아우를 그리던 손암도, 물질하던 창대도 없다
200년 나른한 시간만 쿰쿰한 냄새를 풍기며 삭아 내리고 있다

2.

쭈글거리는 껍데기를 걷어낸 바다에는
침묵이 그림자처럼 어둡게 내려앉았다
지난밤 폭풍우도 심연에서는 알 턱이 없다

심연의 해구에 쌓인 오물을 벌컥 들이킨
아귀의 배를 갈라보면 알 수 있을까
홍어가 대신 불러 나왔다
몸캉한 애를 굵은 소금에 찍어 대포 한 잔 들이부었다
배교자로 낙인찍혀 망망대해 검은 섬에 버려진 손암
세상을 향한 그의 호기심은 이곳에서도 주체할 수 없었다
잘 썩힌 코 한 점 막걸리 두 사발에 내 코도 뻥 뚫린다
앨커트래즈에 스스로 수용된 나는 살아나갈 수 있을까

돌고래처럼 매끈한 여객선이 항구로 들어왔다
이틀간의 형기를 마치고 자유를 얻었다
흑산 바다가 또 요동친다
다시 가슴이 서늘하다

건기가 싫은 거니

1.
풍장에 육탈이 덜 끝난 물고기의 유해에서는
사막에서 말라죽은 아프리카물소의 냄새가 났다
바람 한 줌 담지 못하고 쪼그라진 부레는
햇볕에 살라 지고서야 허공으로 떠오를 수 있었다
낮은 곳으로 필사의 탈출을 벌이던 물길의 흔적도
불모지가 되어 자취를 감추었고
바닥에는 싹을 틔울 수분 한 모금 보이지 않았다
그녀의 가짜명품 가방에서 보았던 싸구려 문양처럼
깊게 칼집을 지른 체크무늬가 마른 바닥에 선명하다
호수 언저리에서 떠돌던 낡은 목선 하나도
등고선의 중심 사막의 한가운데에 닻을 내렸다
푸른 물결 위장무늬가 발가벗겨진 호수의 민낯은
사하라보다 메마르고 부패한 오니보다도 역겹다
그녀의 몸에서 잘라낸 유전자 염기서열과
먹다 남은 리플리증후군 알약들
불쑥불쑥 튀어나오는 저렴한 몸짓
윤슬의 옷으로 치장하고 거짓의 거짓을 주장하던
그녀에게 건기는 죽음보다 치욕스럽다

2.

아… 비가 온다
가뭄이 끝나고 다시 우기가 시작되었다
역겨움은 더 진한 향수로 덧칠되고
민낯은 반짝거리는 윤슬 드레스로 가려졌다
호숫가엔 목선이 한가롭고
물고기들 앞다투어 호수로 뛰어든다
교만한 몸짓으로 새로운 입주자를 환영하는 걸개가
풍선에 매달려 교태를 부리고

마에스트로(Maestro)

팔월의 낮 열두 시는
모든 생명이 움직임을 멈춘 부동자세다
그도 숨을 죽인 채 태양의 훈시를 듣고 있다
하늘을 향해 꼿꼿하게 뻗은 허리
상방 80도로 단정하게 치켜올린 가지
훤칠하게 균등한 키 미동도 없는 자세
이열종대로 늘어선 미루나무 의장대는
지금 열병 중이다

오후 네 시, 현기증 나는 한낮의 사열이 끝났다

그도 긴장을 풀고 안도의 숨을 내쉰다
줄지어 늘어선 미루나무 행렬을 지나
도착한 곳은 은사시나무숲이다
중모리 장단으로 시작해 나른한 졸음을 털어내더니
이윽고 그는 휘모리장단으로 돌며 떼창을 끌어낸다
은사시나무가 들려주는 파도 소리와
트로트 가수의 의상처럼 반짝이는 은빛 잎사귀
그 사이로 떠다니는 햇살 조각들이 눈부시다
팔월의 오후 네 시는 다시 살아나고 있다

〈

그가 후우하고 뚝방길 키 큰 풀들을 일렁이면
아이들이 텀벙텀벙 물속으로 뛰어든다

팔월 한낮의 여름은 그가 지휘한다

흐트러진 데칼코마니

수면을 따라 천천히 고개를 들면
매끄럽게 미끄러진 시선은 건너편 강둑에서 멈춘다
좌우로 띄엄띄엄 이어진 수평선을 가운데 두고
위아래 캔버스를 접었다가 펼쳐 보았다
윗부분의 건물이 뒤집혀 강물에 거꾸로 세워지고
아차산은 강바닥에 깊은 구덩이를 만들었다
강변도로를 달리는 차들은 익숙한 듯 배영으로 물살을 가른다
고개를 들면 소음으로 가득하고 숙이면 완전한 고요 속에 잠긴다
점선으로 접힌 수평선은 전쟁과 평화를 가르는 경계선이다

누가 이 정적을 깨울 것인가
고요 속에 잠긴 강물은 흐름을 멈추고 고체로 굳어버렸다
이는 듯 스러지는 바람 한 자락으로는 가느다란 흠집조차 내기 어렵다
땅 밑의 애벌레 유충도 팽팽한 긴장감으로 걸음걸이가 조심스럽다

꿩… 꿩…

와장창 평화를 깨트리는 눈치 없는 까투리의 울대를
칡뿌리 잡아채듯 뽑아버리고 싶었다

고요한 아침의 짧은 유토피아는 신기루처럼 사라졌다
침묵하던 강물도 깨어나 운행을 시작한다
구름 속에서 눈치 보던 태양도 빨갛게 고개를 내밀고
교각 뒤에서 숨죽이던 바람도 일렬횡대로 상류로 내달린다
강물은 아래로 흐르는데 물결은 위로 거슬러 오른다
데칼코마니 아랫도리는 사라졌고 물결은 광택도 없이 거칠다
개를 끌고 아저씨가 오른쪽으로 달려간다
미루나무 망루에선 까치가 잠복근무 중이다
참새는 발밑에서 아양을 떨며 아침 식사를 구걸한다
정체성을 잃은 살찐 비둘기는 자기가 닭인 줄 안다
사람들이 후닥후닥 뛰어다니고 자전거 바퀴 여럿이 지나갔다
아저씨를 끌고 개가 왼쪽으로 지나간다

한강의 아침은 그렇게 또 시작되었다

이작도엔 고래가 산다

검은 물결에 일렁이던 희미한 그림자
그녀가 풍만한 둔부를 물 밖으로 드러냈다
가슴속 허파에 가득 채운 욕망이 고갈되고
바튼 숨이 턱 밑까지 차오를 때쯤
고래의 숨비소리 날카롭게 창공을 가른다

그녀에게 허락된 짧은 외출

하루 두 번의 자유, 긴 바닷속 잠행을 위해
폐 속 창고에 숨 쉴 연료를 차곡차곡 채운다
테왁에 가득 찬 바닷속 비밀 훌훌 벗어던지고
달빛에 목욕하고 바람의 향기로 린스를 한다
하얀 고래의 풍만한 속살을 힐끗 훔쳐보던 달
한껏 부풀어 올라 터지기 직전이다
감추는 듯 드러내는 그녀는 뭍의 욕망에 굶주려 있다

고래가 떠오르는 밤 이작도의 바다는 음탕하다
희게 달아오른 달 적나라한 눈빛으로 전신을 더듬고
검은 바다는 속삭이는 물결로 그녀의 귓불을 간질인다
바람은 이리저리 휩쓸고 다니며 자기 징표를
고래의 하얀 피부에 문신으로 새겨 놓으려 한다

홀로 부끄러운 등대도 깜빡깜빡 붉은 하트를 날린다

검은 침묵 속 팽팽한 긴장감에
무심한 듯 뽀얀 전신을 드러낸 풀등 고래
허파에는 산소를 가득 채우고
가슴에는 물의 숱한 욕망을 쓸어 담았다

어둠 속으로 풍덩 뛰어든 그녀
먼바다 깊은 곳에 가라앉지 못하고
다시 이작도 풀등에선 휘파람 소리 들릴 것이다

다중인격의 척도

아무렇지 않은 척 억새가 춤을 추던 안개 낀 백령도
몰랐던 척 폐열차 카페 커피 향이 좋았던 아랫배 위도
취한 척 두부김치 맛있던 막걸리가 빠진 영흥도
안 외로운 척 억새 사진 못 찍어 아쉬운 우도
행복한 척 농협창고 헌책방 도서관 울릉도
싫어도 좋은 척 서울역에서 내린 죽도
소매가 길어 슬픈 척 날생선 싫어하는 독도
살 빠진 척 멀미하는 이작도
비혼주의자인 척 눈 쌓이면 다시 찾을 욕지도
무지 바쁜 척 운전이 재미있었던 소매물도
잘난 척 그 염전을 못 가봤네! 신시도
놀란 척 벚나무 사이에 단풍나무 심은 선유도
하나도 안 아픈 척 중국풍 조명의 물살 센 추자도
얌전한 척 가을에 꽃을 피운 춘추벚나무꽃 무녀도
친한 척 단청도 없는 무채색 꽃무늬 문살 장자도
졸린 척 꿀단지 선물로 산 제부도
피곤한 척 세월 바위 켜켜이 쌓인 승봉도
배부른 척 초원사진관 앞 뭇국 집 덕적도
집 없는 척 굽이굽이 어지럽던 도초도
가방끈이 긴 척 막걸릿집 못 찾았던 비금도
마치 우연인 척 선배 역장 홍보대사 열정 넘친 홍도

바보인 척 꾸밈이 없어 아쉬웠던 어청도
당황하지 않은 척 오래된 2층 목조주택 대청도
코 골고도 안 곤 척 무궁화호 타고 간 굴업도
일부러 그런 척 사륜 바이크가 무서운 가덕도
한없이 쿨한 척 역사를 허물어버린 한산도
여유 있는 척 갈치조림 비린내가 심했던 가거도
채식주의자인 척 콩나물국밥에 입천장 벗겨진 만재도
오랫동안 생각한 척 일본 놈들 꼼꼼한 건 알아주어야 하는 흑산도
눈이 어두운 척 한방에서 잘 걸 그랬나 사량도
지갑을 놓고 온 척 모주를 먹고 싶었던 원산도
금방 도착한 척 담 넘어 철로로 뛰어든 방축도
화장실이 급한 척 윗도리를 벗어놓고 온 보길도
국민만 생각하는 척 가증스러운 여의도
좋으면서 싫은 척 두 얼굴의 나도

병태네 생맥주

바람 한 점 없는 하늘을 뒤덮은 회색 나비 떼
엄지손톱만 한 눈이 입체 모눈종이처럼 대기권을 가득 채우고 있다
턴테이블에 올라앉은 검은 원반은 가는 머릿결을 반짝이며 돌고
머리칼 사이를 파고든 예리한 바늘이 음표와 목소리를 읽어준다
Hey Jude - Beatles

ㅇ 대학교 앞 큰 사거리 주택가 드날목에
주변과 도무지 어울리지 않는 등 굽은 가게 하나 있다
기울어진 처마를 벌 받듯 받치고 선 기둥이 힘에 겹다
낡은 양복 소매 늘어진 실오라기에 겨우 매달린 단추처럼
둥그런 간판이 건성으로 흔들리며 그곳의 정체를 고발한다
품새는 운동권 학우들의 비밀 아지트라도 되는 듯 회색이지만
후줄근함을 밀치고 들어서면 사시사철 내부 온도는 36.5도이다
만석이 스무 명이 채 안 되던 그곳은
절간의 그것 말고 또 다른 내 젊음의 해우소이었다
함박눈 속 가로등은 샤워기처럼 네온 불빛을 쏟아내고
우리 넷은 비틀스의 멤버로 빙의하여 온몸으로 노래를

불렀다
몇 번을 눈 속에서 구르면서도 어깨동무를 풀지 않았고
후렴구에 목이 쉰 채 삐그덕 그 문에 들어서면 그만이었다
빨갛게 달구어진 필라멘트 전구는 체온과 정확히 일치했다
잔잔한 클래식 음악이 나온다거나 옷차림에 신경을 써야 할 필요도 없다
대화의 주제가 고상하거나 목소리의 볼륨을 조절할 필요도 없다
공짜 안주 오징어입 김 땅콩에 단지처럼 생긴 500cc 맥주잔이 오가고
주머니가 두둑한 날은 곱게 죽은 노가리 근육을 잘근잘근 씹었다
누군가 부르는 각설이 타령 아는 소절에선 목소리 한 대목 살짝 얹어도
누구도 눈 흘기는 이 없었다

낯선 고층아파트 창밖을 뒤덮은 회색 나비 떼가
40년도 더 지난 기억을 용케도 불러온다
그때는 있었고 지금은 없는 것들이 많지만
오래전 기억은 그때보다 더 또렷하게 읽힌다
주황색 낡은 야외전축의 바늘처럼

B-side 마지막 트랙

슬픈 상상은 일 킬로그램당 백오십 원
대략 삼십여 원 가치의 눈물 젖은 꿈 하나가
세상을 등진 채 쓰레기로 수거되었다
직전까지 그것은 한 사람의 터질 듯한 심장이었다

거친 파도에 표류하다 기진맥진 도착한 섬
육십 할머니와 삼십 엄마에서 다시 십팔 세 소녀가 되어
바람의 속삭임에 귀를 기울여 보고
달그림자의 속마음까지 읽어보려 애썼다
돋보기안경을 추켜올리며 몇 날을 꼬박 새워도
자신에 주는 선물로 가슴은 연신 부풀어 올랐다
칭찬과 질책에 환호하고 찔끔거리던 시간
설레는 마음으로 자음 하나 새겨 넣고
오십 년을 되짚어 모음도 하나 덧대었다

존경하는 은사님과 정답던 친구
가족 형제들에게 뿌듯한 나를 포장했다

비닐봉지에 대충 묶여 반납을 기다리는 빈 그릇 사이로
손도 안 댄 만두 몇 개와 물어 뜯겨 속이 터진 또 한 개
중국집 세트 메뉴에 서비스로 딸려 온 것들이다

그 옆에 받는 사람의 이름이 선명한 미개봉 봉투에는
한 소녀의 꿈이 피어나지 못한 채 잠들어 있다
레코드 바늘이 닿지 않은 뒷면 마지막 트랙의 건전가요
처럼
연초록 봉오리인 채로

수신인을 떠올리며 저자의 사인을 하던 나이 든 소녀는
환경파괴의 주범 밀림의 벌목꾼이 되어 있었다

삽시도 고해성사

가파른 내리막 철 계단이 두어 번 굽이쳐 닿는 곳에
윤슬처럼 눈부신 광활한 모래벌판이 펼쳐진다
서쪽 하늘과 사빈이 맞닿은 지평선 끝에서 반짝이는
한 줄기 파란 지층이 바다라고 했다
해와 달의 힘겨루기로 십 리를 당겨졌다 튕겨 나간 바다는
지금은 파도 소리조차 아득한 거리로 물러나 있다

진너머 해수욕장의 황혼에 취해있던 해거름
자박자박 발을 구르며 밀고 들어온 검은 바다는
술을 권하며 죄인의 고백을 부추긴다
두텁게 썰린 생선 속살과 초장에 방풍나물
태창펜션 여주인의 매운탕은 맑고 칼칼했다
밝음이 낯설어 등 뒤로 숨는 그림자조차
그의 맨 얼굴을 본 적이 없다고 했다
저렴한 달빛을 모아 그럴듯하게 꾸민 어둠에도
바다는 장막을 거두지 않았다
믿음을 전제로 그와 둘만의 고해성사가 시작된다
치부가 드러날까 되돌아 나오는 길을 잃어버릴까
걱정하지 않아도 되는 바다와 마주 앉았다
어둠이 점차 생기를 잃어갈 때까지도 바람이 심했다

밤새 철썩이며 나보다 더 크게 울부짖던 바다는
진한 방풍향 한 스푼 보 속으로 남기고 떠났다
지난밤 취한 나와 격정으로 술렁이던 그의 흔적은
빈 술병 서너 개와 쓰라린 내 속 뿐이다

파헤쳐지고 상처투성이의 모래벌판은
잘 정리된 호텔의 침구처럼 정갈해졌다
밤새 모진 바람과 맞선 가파른 사구의 방풍도
일상인 듯 어깨에 쌓인 모래가루를 툭툭 털어낸다
위태로운 모래 벼랑에 서서 정면으로 불어오는
계절풍을 온몸으로 막아내는 삽시도의 방풍처럼
보속을 던진 바다의 속내를 읽어본다

오늘은 역사가 되고 내일은 꿈이 된다

어제로부터 넘겨받은 하루를 인계해 줄 시간입니다 오늘이 임기를 마치고 어제가 되었습니다 연임은 불가합니다 단임이 이곳의 로컬 룰이라고 합니다 조금 전 태어난 오늘이 지금을 살고 있습니다 오늘의 현재가 어제의 오늘과 무엇이 다른지는 잘 모릅니다 오래된 어제와 새로운 어제는 이제 과거로 통칭됩니다 하지만 과거에도 나름의 서열이 있다고 합니다 A에게 오늘은 B에게 어제일지도 모릅니다 하지만 A의 오늘은 B의 어제는 아닙니다 A는 죽었고 B는 아직 태어나지 않을 수도 있습니다 B가 A보다 나이가 많은지도 모릅니다 이 모든 것을 정확히 아는 사람을 아직 만나지 못했습니다 확실한 것은 이곳에서 내일은 없다고 들었습니다 또 다른 오늘이라고 불릴 그것이 아마 내일인지도 모릅니다 떠나는 그에게 감사패를 전달해 주었습니다 감사패엔 이렇게 적었습니다

"당신의 헌신적인 노력과 봉사 정신이 내 생존과 발전에 이바지한 공이 크므로 이에 내 뜻과 마음을 모아 감사의 마음을 이 시(詩)에 담아드립니다"

어제에 주어진 선물은 좌절 금지 상자입니다

취임식을 마친 오늘이 내게로 왔습니다 그와 또 하루를 잘 지내볼 생각입니다 비가 옵니다 바닥에 엎질러진 물은 어떤 길의 시발점이 되었습니다 길이 있다는 것은 도망치기 위한 것입니다 무언가 흐른다는 것은 세상이 공정해지려 애쓴다는 것입니다 좀 더 낮은 곳 안전한 지하로 물은 길을 냅니다 위험한 곳에서는 빠르게 지나고 쉴만한 곳이 나오면 여유도 부립니다 내려가고 올라가다 물이 한 바퀴 돌아 제자리로 왔습니다 다시 하루의 인수인계 시간이 되었습니다 지금 밖은 가뭄으로 타들어 갑니다

에콜로지 보고서

전라북도 익산시 왕궁면 왕궁리 374-2
탱자나무 울타리와 함석 대문은 사라졌다
건물이 앉았던 자리는 과실나무 몇 그루가 터를 잡았다
토박이 잡초와 새로 이사 온 꽃들은 몇 년째 영토분쟁 중이다
외양간에는 늙은 누렁소 대신 젊고 하얀 목련이 들어앉았다
식어버린 아궁이에는 삐쩍 마른 대추나무가 추워서 오들거린다
깨진 요강 조각은 실성한 듯 히번덕 하얀 눈을 흘긴다
쥐가 무서웠던 심약한 고양이는 근엄하게 순찰 중이시다

철사로 동여매어 잠긴 철 대문은 삭아서 뚝뚝 딱정이가 떨어진다
부고를 받은 기억이 없는 것으로 보아 요양원에 모신 듯하다
반듯했던 블록 담장도 풍우에 시달려 자갈과 모래를 훤히 드러냈다
당당하던 기와집의 위용도 반듯한 기둥마저 미니어처 장난감이 되었다
음식 냄새 섞인 연기가 뿜어져 나오던 굴뚝도 거미줄에

막혀버렸다

명절이면 자손들이 타고 온 차로 동구 밖까지 줄을 섰었다

이제는 설 때도 추석 때도 집을 지키는 건

달랑 나이 많은 손주 소유의 낡은 유모차 한 대뿐이다

봉수네병호네점순네배현이네석천이형네문섭이형네기수네은준이네운기네웅이네진규네보섭이네재우네영순네재만이네상준네오사장네재강이네기숙이네미나네경숙이네양재네희권이네은영이네해극이네철원이네동원이네영기네선례네양님이네윤진이네도환네요섭이네성기네,그리고왕궁리374-2도비워졌다

또 한 분의 어르신이 산동네 소나무군락 옆으로 주소를 옮기셨다

한번 비워지면 다시 채워지지 않는 찢어진 돼지저금통처럼

내 고향 신정리는 지금 차곡차곡 비워지는 중이다

지난해까지 깔끔했던 동네 어귀의 논이 잡초로 그득하다

담과 벽이 허물어지고 또 한 채의 집이 풀숲이 되었다

오만과 편견

1.
떠나는 가을의 뒷모습마저 아득해지는 11월 어느 날
주말 시골에 들렀다 올라가는 길
점심을 먹을 요량으로
평소 믿고 의지하는 순시리에게 도움을 청했다
"순시라 병천순대 가자"
항상 자신감이 넘치는 그녀는 거침없이 나를 이끌었다
한 치의 의심도 없이 도착한 곳은 아우내장터
가 아니다 생면부지 낯선 곳으로 나를 데려온 것이다
오만방자한 것
헛웃음과 밤 막걸리 한 잔을 바꾸며 맹목적 믿음을 철회했다
충남 공주에 있는 백제 산성 공산성에 올라보니
아, 이토록 절묘한 계절에 이 풍광이 실로 우연이란 말인가
오만한 그녀, 아니다 그녀는 다 계획이 있었다

2.
이른 새벽 출근길
익숙한 도로와 한산한 차량의 흐름
요금소 근처에서 갑자기 끼어드는 카렌스 한 대

그다지 위험한 상황도 아니었다
그런데 나도 모르게 순간적으로 화가 치밀어
뒷덜미에 대고 경적을 울리며 그를 위협하고 있었다
순간 정신을 차렸지만, 스스로가 황당했다
내가 분노조절장애인가
뒤태가 펑퍼짐한 SM5와 오늘 아침 문제의 그 카렌스
아무 이유 없이 이 둘은 만만하고 싫다
그나마 사람이 아니고 무생물이길 얼마나 다행인가
혹시라도 이유 없이 내가 미워하는 사람은
영문도 모르고 나로 인해 아파하는 사람은
내 안에 있는 무엇… 마음과 따로 움직이는 나
편견

바다횟집

1.
칠이 벗겨진 미닫이 홈에 손가락을 넣고
살짝 힘을 주면 삐걱하며 빈틈을 보인다
그 사이로 손바닥을 밀어 넣고 세게 밀어젖혀야
비로소 바다로 들어갈 수 있었다
익숙한 우리에게 그 일은 식은 죽 먹기보다 쉬웠다
권장과 반가움에 두어 줄 걱정 섞인 눈빛을 주고받으면
마늘종과 생고구마 몇 조각 껍질째 삶은 풋콩 한 접시에
익숙한 녹색 병 서너 개가 식탁에 차려졌다
손 인심이 풍성하신 주인아주머니는 단골이라며
4인분은 됨직한 붕장어 2인분을 넝출하게 썰어주셨다
다지듯 잘게 썰어 큰 접시에 쌓아 올린 하얀 살점들

2.
불도저 소리에 놀란 앞바다는 수십 리 밖으로 달아났다
들보는 척추가 부러지고 문틀의 고관절은 주저앉았다
허리가 흔들거리던 주인 할머니의 흔적도 아는 이가 없다
아나고 살점보다 더 잘게 바스러진 회색 기억의 편린들은
자석에 쇳가루 달라붙듯 순식간에 되감기 되어
원본보다 더욱 또렷한 총천연색으로 재생이 된다
난로 위의 주전자가 내뿜는 바튼 숨비소리처럼

취한 술병들만 텅 빈 휘파람 소리를 내지른다
바람에 정강이를 걷어차인 만선 깃발 바닥에 굴복하고
까마귀 떼 무게에 늘어진 폐전선은 탄성을 잃었다
붉은 함초숲에 정박 중인 낡은 치매 어선은
푸른 바다를 꿈꾸며 거룩한 출항을 준비한다

오늘도 J는 오지 않았다
바다에 없는 바다횟집을 그도 찾기가 쉽지는 않겠지

注) 새만금방조제에 막혀 육지 한가운데 고립된 폐허의 바다횟집과 이제는 돌아올 수 없는 곳으로 떠나간 단짝 친구 J를 그리며…

테라코타

핏기도 없이 거칠고
결코 정교하지도 않았다
바라볼수록 오목해지는 볼살
그 메마른 미소가 애처로웠다

그 흔한 무게조차도 소유하지 못해
바람의 작은 기척에도 화들짝 놀란다
고비 사막보다 더 메마른 영혼은
한 줌 남김도 없이 바스러져 버렸다

죽어라 외쳐도 못 들은 척
메아리조차 대꾸를 거부한다
가슴에 박힌 차가운 진실은 나탈리아에게
슬퍼하지도 노하지도 말라고 한다

아니야 그건,
대답 대신 등을 돌렸다
알렉산드르, 난 동의하지 않아

2부

나는 고양이로소이다*

빌라 계단 뒤 구석에 휠체어가 있다
한쪽 바퀴의 바람이 빠져 기울어져 있다
녹이 슨 바큇살엔 거미줄이 반짝이고
팔걸이의 스펀지도 헤져 속살이 드러나 있다
닻을 내린 휠체어가 노인 대신 늙어가고 있다

좌석에는 낡은 옷가지로 만든 둥우리가 있다
휠체어 등받이가 벽이 되고 계단으로 지붕을 삼았다
귀가 예민해서 밤에 짜증을 잘 내는
길냥이로 추정되는 세입자를 본 사람은 아직 없다
둥우리의 주인은 낮에 일하고 밤에 들어온다

지난주 손 없는 날에 사다리차가 4층 창문에 닿았고
엊그제 작은 트럭에 3층 집 화장대가 실려 나갔다
휠체어가 운행을 멈추던 날부터 1층은 비었고
2층 노총각도 백주를 틈타 얼마 전 달아났다
대낮의 사정은 모른 채 밤에 퇴근하는 둥우리 주인은
어느 날 문득 빌라의 주인이 되었다

소개령이 내려진 적막한 빌라
재건축의 조준경 십자가 위에 올려놓은 계단

이미 카운트다운은 시작되었다
해거름이 되어도 새들이 날아들지 않는 이유를
고양이는 알까

나른한 봄날
이 편안함이 주는 그 위험함을 나는 대체 알기나 할까

* 『나는 고양이로소이다』는 '나쓰메 소세키'의 책 제목을 인용함.

죽다 산, 좋아 죽은

충격적인 발표가 있었다
주어진 숙려기간은 고작 1주일이다
선고는 안주인이 하고 집행은 남자가 한다
그가 살아날 방법은 숙려기간 내에
자신이 꽃이라는 사실을 증명해 내야 한다

부부는 잡초와 꽃을 구별 못 하는 얼치기 농사꾼이다
꽃이 피어야 꽃이고 사과가 열려야 사과나무이다
자기가 심어 놓은 것이 아니면 일단 적으로 간주한다
이른 봄 안주인의 영토에 허락도 없이 그가 들어왔다
당장 적을 추방하라는 안주인의 불호령이 떨어졌다
남자는 두 달 동안 온갖 이유로 집행 연기를 간청하였다

이제 1주일이다
해가 지면 은밀하게 깨어나 달빛과 사랑을 나누던 그였다
단호한 안주인의 기세에 살의(殺意)를 느낀 것일까
밤낮없이 해와 달을 번갈아 품으며 숫자를 불려 나갔다
주어진 숙려기간, 그 이후 세상은 보장되지 않았다
세련된 항소이유서 대신 온몸으로 보여주어야만 했다

선고가 이루어지면 곧바로 형을 집행할 것이다

형의 집행에 필요한 도구를 챙겨 형장으로 나아갔다
그들은 스크럼을 단단히 하고 온몸의 피를 끌어 올렸다
안주인이 도착하기 직전 일제히 꽃을 피워냈을 것이다
야들한 촉감의 분홍꽃잎들은 흡사 광장에 모인 투사들이다
분홍을 모아서 쌓아놓으니 붉은 모란조차 빛을 잃었다
사이에 끼인 참나리도 압도적인 기세에 눌려 삐쩍 키만 껑충하다

분홍 낮 달맞이꽃, 너는 오늘 죽다 살았다
일하기 싫었던 나는 그날 좋아 죽었다
감동한 안주인은 추방 대신 영주권을 쥐어주었다

게발선인장

오랜만에 만난 점례가 오늘은 Sunny로 불리었다
동창 모임에서 돌아오는 내내 그녀를 떠올렸다
더펄더펄 사내아이들과 섞였던 풋내 나던 선머슴이
50번의 가을을 넘어 신데렐라 써니로 환생했다

꽃을 피워내기 전까지 그리 관심받지 못하던 화초 하나
촌스러운 이름마저 점례를 닮았다
티스푼 크기의 두툼하고 반짝이는 녹색 이파리가
징검다리 놓듯 따박따박 영토를 늘려나간다
눈빛을 주고받더니 이파리 끝에서 삐죽이 빨간 혀를 내민다
일순 제 몸보다 더 큰 붉은색을 일제히 토해 놓았다

손톱만 한 녹색 딱지에서 쏟아져 나온 저 처연한 빛
알에서 우화를 거쳐 성충이 되어 날아간 매미처럼
이파리 안에서 벌어진 세포들의 성장 분화와 고통이
서툰 시인은 녹색이 붉은색으로 되는 마법으로만 보였다
연약한 꽃잎이 딱지를 뚫고 나오면서 겪는 아픔에
성충이 되어 떠나간 빈 껍질의 허무와
죽고 다시 태어나는 고통의 탈피를 생각한다

베란다에 놓인 빨간 화분이 눈 덮인 창밖 풍경에 눈부시다
잘 빗겨진 곱슬머리처럼 바깥으로 웨이브 진 붉은 꽃잎이
써니를 닮았다

어느 해 이 계절쯤에

다시 돌아오겠다는 약속일까
기러기 떼가 부메랑 대형으로 하늘을 난다
산길 돌부리에 발끝이 차일 때마다
놀란 나무는 후둑후둑 열매를 떨군다
긴 소매는 부담스럽고 반소매는 좀 서늘한 계절
그래, 어느 해 이 계절쯤이었지

30년 남짓 오른 산길에 만난 사람 없고
절 입구 작은 폭포 울음만 과장되게 컸다
녹슨 철 사다리를 서너 바퀴 돌아
숨이 턱에 오를 때쯤이면 곧바로 절이었다
싸리비 흔적이 가지런한 절 마당 한구석에는
채 물들지 못한 푸른 낙엽들 몇몇 모여 앉아있었다
대체 나는 염불도 잿밥도 탐나는 게 아니어서
법당만 한 바퀴 돌고 툇마루에 머물다 발길을 돌렸다

아무것도 아닌, 아무 일도 일어나지 않았던
가을 그 산길이 왜 머릿속에 가득할까
가만, 그러고 보니 달개비 닮은 파란색 나비 한 마리
선녀인 듯 계시인 듯 나를 따랐었다
알면서 모르는 척 내가 멈추면 저만치에 앉았다가

일어서면 다시 갈지자로 팔랑거리던 나비
그러다 어디쯤에선가 거짓말처럼 사라졌지
그래, 어느 해인가 이 계절쯤이었어

아라홍련

비가 올 것 같습니다
일기예보를 듣지 못했지만 느낌이 그렇습니다

마른 땅에 가늘게 서 있는 생명들의 낯빛에도
목마름의 끝을 본 듯 희망의 모습이 설핏거립니다
아직 빗방울이 후드득 떨어지진 않지만
타고난 본능으로 알 수 있습니다
작은 씨앗에 담긴 유전자의 정보 방정식을
바람이 읽어내고 햇빛에 온도와 습도를 대입해서
계산해 낸 것입니다
가뭄잠(渴眠)에 빠져있던 세포가 촉수를 꿈틀거리면
비가 시작되고 아마 며칠은 계속될 것입니다
구름이 낮게 깔리며 햇빛을 가려주자 바람이 일어섭니다
고사 직전이었던 목화도 이파리를 흔들어
바람의 질문에 생존 신호를 보내줍니다
비가 옵니다
푸석푸석 흙먼지를 일으키며 한두 발 영점을 잡더니
이내 마른 흙냄새 진동하며 연발로 찌지직 쏟아붓습니다
남아있는 불씨에 오줌을 갈길 때 나던 소리입니다
익숙한 듯 식물들도 일제히 깨어나 분주하게 움직입니다
대나무와 먼 친척인 듯 접시꽃은 벌써 내 키를 넘었고

풀 죽어 있던 오이도 넝쿨손을 뻗어 사다리를 타고 오릅니다
생기로 홍건해진 마당은 왁자지껄 장마당이 되었습니다
하늘과 땅 바람과 구름은
수백 년 전 척박한 땅에 떨어진 연자 하나에도
기를 모으고 애를 태워 기어이 붉은 연꽃을 피워냈습니다
오래전 누군가 던져놓은 작은 씨앗 하나가
싹을 틔우지 못하고 화석이 된 때문 인가요
돌덩이를 얹은 듯 왼쪽 가슴이 묵직해집니다

비가 올 것 같습니다
왼쪽 가슴의 무게가 주는 느낌이 그렇습니다

비비추

아침 현관문을 밀치고 나오면서 살피고
퇴근길 가로등 불빛 아래를 두리번거린다
풀 한 포기 없이 메마른 아파트 화단
거기서 벌어지는 기적의 처음을 보고 싶은 것이다
내게 이런 버릇이 시작되면 봄이 온 것이다

황톳빛 바닥에 하나둘 연초록 뾰루지가 불거진다
내 또래의 목련이 툭툭 제 꽃잎을 떨굴 때쯤
키를 키우고 숫자를 늘려 화단은 검게 우거질 것이다
꽃대를 길게 밀어 올려 보라색 꽃을 피워내지만
도시로 이주해 온 야생화는
잡초 근성이 깊게 각인된 탓일까
꽃이란 번번한 이름조차 주어지지 않았다

넘치는 관심과 사랑 속에서도
정착하지 못하고 몸살을 앓다 스러진 꽃들보다
꽃이라 불리지 않아도 당당한 비비추
그는 애정을 갈구하지도 않고 혼자서도 외롭지 않은
가꾸지 않아도 잘 자라는 여러해살이풀이다

해마다 꽃을 보여주는 무궁화이다

암막 커튼을 친 거실

현관에 들어서 불을 켜기 전에
잠시 눈을 감는다
밤과 낮 사이 웅크렸던 어둠이
조심스레 몸을 일으킨다
보이던 것은 사라지고
안 보이던 것들이 모습을 드러낸다
현실과 무의식 그 중간지점에서
가려져 있던 침묵이 슬며시 고개를 든다
친숙해진 어둠이 살갑게 다가서고
pause 버튼이 시간의 흐름을 보류시키면
불완전한 기억의 쪼가리가 자석처럼 달라붙는다
과거와 현재가 뒤엉키고
너와 내가 뒤바뀐
공소시효를 목전에 둔 피해자처럼 서둘러
숭덩숭덩 구멍이 뚫린 퍼즐 조각을 맞추어 본다
커튼이 젖혀지면 허공으로 휘발될
희미한 기억 한 조각 붙들고 서서
.
.
딸깍
거실 스위치를 켠다

미숙한 봄을 굽다

春分, 이즈음에 비가 내리고
물오른 가지가 멍울을 터트리는 밤이면
꽃 비린내는 빗소리와 범벅이 된다
칠흑 속을 채운 비의 레퀴엠이
소환된 추억들의 잠금장치를 해제하면
아프고 시렸던 기억조차 화해의 미소를 짓는다
세월에 발효되어 숙성된 낡은 과거는
잘 배합된 반죽처럼 보드랍고 차지다

칠흑의 어둠이 농도를 잃어갈 때
설익은 생각과 숙성이 덜 된 그것들은
아몬드나 땅콩처럼 반죽과 겉돈다
성숙해진 과거 위에 올라앉은 미숙한 토핑은
오븐에서 솜사탕으로 부풀지 못하고
뒤꿈치 각질처럼 두껍게 쩍쩍 갈라진다

계절의 치댐과 세월의 발효를 거쳐
다시 올 춘분 비 오는 밤에는
소보로빵 대신 카스텔라를 구워보리라

연방 해체되다

끊어진 것도 이어진 것도 아닌 말줄임표는
두 얼굴로 유혹하는 에덴의 사과나무다
천사의 얼굴로 담담하게 물음표를 던져놓고
사악한 향기로 느낌표를 유혹하는 절취선
짧은 숙려의 시간을 견디지 못하고
상자의 앙다문 입술을 당기고 말았다
점선이 뜯기며 드러난 이빨 열네 개
천정이 열리는 개폐식 돔구장처럼
윗입술이 올라가며 적나라하게 벌어지는 입
말줄임표 뒤에 감추어진
거대한 유혹의 정체가 드러났다
UFO를 닮은 PIZZA 제국
원반의 혀를 잘라 만든 각진 톱니로
제국의 국경을 절취하여 강제 분리했다
점선의 잇자국이 선명한
강렬한 온음표는 여린 8분음표로 독립되고
피자 연방은 해체를 선언했다

성장을 멈춘 기억

햇볕이 당도를 높여가는 봄날 한가운데
라일락꽃 작은 흔들림조차 마음이 쓰인다
혹시라도 그의 심기를 건드려
훌쩍 떠나버릴까 조바심에 마른침을 삼킨다
허락도 없이 다가와 아지랑이가 된 나를 흔들고
신기루처럼 사라지는 그는 나쁜 남자
매번 그가 휘두르는 폭력에 상처받지만
무심하게 토닥여주는 그를 나는 거부하지 못했다
두 얼굴의 그에게 나는 언제나 을(乙)이었다
햇살에 취한 바람이 깊은 잠에 빠지면
높은 담장에 둘러싸인 아카이브의 빗장도 힘없이 풀린다
문이 열리고 유통기한이 지난 그들이 쏟아져 나온다
가석방 만기 보석 사면의 무리 속에
새하얀 두부 한 모 건네주는 이 없는
자라지 않은 키 그대로의 수줍은 그가 서 있다
그와의 멈추어진 시간이 다시 흐르면
내 심장의 박동은 할리의 그것만큼 불규칙해진다
철가방 속 회수되는 빈 그릇과 남겨진 음식들의 수군거림은
더러워진 냅킨보다 더 부끄럽고 적나라하다
그를 따라다니는 오감은 여전히 내구성이 좋다

어정쩡한 젊음 그 중간의 어디쯤
비좁은 텐트에서 서로의 체온으로 살아남으려는
햇살의 맛이 밍밍해지고 취기에서 깨어난 바람이
시치미를 떼며 나를 흔들어 깨운다
후루루 라일락이 진다
연보랏빛 카펫엔 노을 한 가닥 길게 드러눕고

그는 말줄임표를 남기고 총총히 떠났다

내일은 떠날 수도 있을 것 같습니다

장마가 시작된다고 했다
눅진해져 자꾸만 가라앉는 바람이
예보의 신뢰도에 좋아요 한 표를 더해준다
왼쪽으로 두어 뼘 거리는 하얀 절벽이다
빈 침대 두 개를 지나 오른쪽으로 시선을 치켜들면
이 대 팔 비율로 나와 나란히 기다랗게 누운 창문이 있다
4층을 기어오르다 창틀에 걸터앉아 쉬던 햇살이
무능한 가장의 어깨처럼 무겁게 녹아내린다
탈색된 햇살에선 둔탁한 냄새가 났다
이십사시 간 똑같은 조도와 냉기로 채워진 이곳에선
낡아빠진 햇빛 몇 가닥으론 온기를 불어넣을 수 없다
아마도 문지기인 듯 거인의 가슴팍 같은 옹벽이
창문에서 두어 걸음 뒤에 어둠처럼 버티고 서 있다
체온은 이미 흙의 서늘한 온도에 맞추어져 있다
이제 식물로 분류되어 중환자실 침대에 묶인 채
지하로의 비행을 위해 링거줄로 연료를 주입하고 있다
비가 내리고 번쩍 섬광이 일면 우르릉 천둥을 울리며
발사대를 떠나갈 것이다
일기예보는 며칠째 장마의 시작을 카운트하다 멈추었다
어제도 비행은 이루어지지 않았다
하늘은 까맣게 내려앉고 노쇠한 햇살도 자취를 감추었다

다시 카운트에 들어갈 시간이다
내구연한이 지난 두려움은 이미 깊은 맛을 잃었고
기억 속 빼다지를 열고 미래를 더듬어보지만
이미 아무것도 손에 잡히지 않는 빈 서랍이다
궤도에 오를 때까지만 낡아진 연료탱크가
버텨주면 좋겠다는 염치없는 생각이 들고
거꾸로 헤아리던 숫자가 0을 가르…
…링거 교체하겠습니다
전국엔 폭염경보에 열대야가 이어지겠으며

일기예보는 또 어긋났고 발사는 취소되었다
할 이야기는 이미 끝났는데 마침표가 안 찍힌다
일기예보엔
드디어 내일부터 장마가 시작된다고 했다

세치

곰칫과의 물고기들은 야행성이다
몸의 대부분을 깊은 바닷속 바위틈에 숨기고
머리만 내놓은 채 먹이가 나타나기를 기다린다
세치도 어두운 곳을 좋아한다
동굴입구(口)엔 바닥에 몸통을 묻고 대가리만 드러낸 채
죽은 듯 웅크리고 있는 한 마리의 세치가 산다

자신의 정체성을 잃어버린 물고기
동굴의 어디쯤 화석으로 박혀있는 부레와 아가미
시청각은 퇴화하고 본능만 살아남은 세치
묻혀있던 몸뚱이는 동굴과 한 몸이 되었다
세치는 동굴이고 이제 동굴은 그가 통제한다

그는 또 다른 세치를 만나면 사납게 덤벼든다
숨어서 덫을 놓고 걸려들기를 기다리다
허점이 보이면 맹렬히 공격한다
위기에 닥치면
끈적이는 점액질을 분비하여 빠져나갈 궁리를 하는
세치의 DNA는 장어목 곰칫과다

출口가 없는 동굴 속에 갇혀 사는 물고기

동굴이 된 세치는 입□에 또아리를 튼 채
독설을 품고 또 다른 세치를 기다리고 있다

내 삶을 바꾸는 순간

기다리던 버스가 도착했다
왠지 내키지 않는다
그냥 보냈다
잠시 후 다른 버스를 탔다

좌우 아주머니 아가씨와 짧은 눈 맞춤을 했다
왼쪽 자리 아주머니 옆에 앉았다
앞자리 할머니는 큰 목소리로 통화 중이다
내려서 걷다가 상인과 어깨를 스치고
마음씨 좋게 생긴 아저씨에게 길을 물었다
모둠전에 막걸리 한 주전자 비우고 돌아오는 길
오늘 스쳐 간 얼굴들을 떠올려본다
옆자리 아주머니 앞자리 할머니
어깨를 스친 상인 길을 가르쳐 주신 아저씨
내가 앞차를 그냥 보내지 않았다면
절대로 만날 수 없었던 인연들이다
오늘 하루를 내가 결정했다는 쾌감에 짜릿하다
사소함에 뿌듯해하는 내가 우습지만
누가 알랴 내 이런 비밀스러운 유치함을

아파트를 올려다본다

저곳에는 30여 년 전 내 결정의 인연들이 있다
시장에서 산 과일 한 봉지
엘리베이터에 오르며 다시 근엄해진다

회색 가을, 그리고

지난하게 내리던 비 그치고 뒤따라온 바람은
까칠하게 얼굴색을 바꾸며 정나미를 떨군다
처서 지나고 매미울음 뚝 끊기는 이즈음이면
나무의 몸통을 타고 오르며 꿀렁대던 물소리도 멈춘다
예초기 소리 앵앵대며 풀 비린내 진동하고
경로당 마당에는 이파리 하나둘 툭툭 떨어진다
푸석한 외로움도 몇 조각 비듬처럼 떨어지고
탄성을 잃은 고무줄처럼 삶의 의지도 늘어진다

얼어붙은 표정과 몸짓 초점이 사라진 시선
조각공원에 설치된 등신 조형물처럼
듬성듬성 거리를 두고 석상으로 굳어진 사람들
총천연색 배경에 조각상만 오도 가니 회색이다
"땡" 주문을 외우면 얼음이 풀릴까
불과 수 미터 거리를 사이에 두고
투명 DOME으로 단절된 두 세계는
수만 광년 거리보다도 멀다
지나온 시절 온몸을 휘감던 오욕과 칠정도
미라처럼 굳어져 제사상 북어처럼 눈깔만 하얗다
방금 마주친 내 눈빛도 수만 광년 지나서야 알 테지

한 노인
빈 유모차에 낡은 세월을 한 보따리 쓸어 담고
장송곡 리듬으로 삐걱거리며 자장가를 부른다

계절, 그

잠시 넋을 놓으면
그는 나를 안심시켜 놓고 저만치 앞서간다
너무 뒤처진다 싶으면
기다리고 있다가 나를 부추긴다
인정머리 없다고 불평하면
어느새 곁에서 발을 맞추고 있다
그의 뒤를 따르거나 동행하지만
결코 앞지를 수는 없다

종속된 것은 아니어도 이미
그에게 철저하게 길들어 있다
정해진 곳도 모르지만, 오늘도
익숙한 길을 걷는 나그네처럼
흔적을 좇아 한 걸음 뒤에서 그를 따른다
내가 주저앉아 걸음을 멈추면 그는 사라질 것이다
그리고 다시는 돌아오지 않을 것이다

지난가을 묻어둔 히아신스 알뿌리가
머리에 인 언 흙을 슬며시 밀어 올린다
가느다란 실마리 하나 툭 던져주고
잰걸음으로 그가 봄을 지나고 있다
저만치

술

술 한 잔 했어
아니 한 잔만 했겠어, 좀 더 했지
독한 액체가 목울대를 타고 내려가는 소리가 들렸어
기억 창고에서 꺼낸 육면체를 아그작 깨물었지
싱싱하게 보관된 시공간이 위험하긴 해도
날 기억을 애써 편집할 필요는 없다고 생각해
의도된 방향으로 그를 이끌려던 노력도 포기했어
의식이 흐르는 대로 따라가다 보면 어딘가로 가겠지
그게 내가 원하는 방향이 아닐지도 모르지만
아마도 그게 내 운명과 가까울 거야
꺼냈다가 들여놓고 다시 꺼내보다 익숙해지니
이젠 둥글어진 그것을 술잔에 퐁당 빠트려서 마시지
술에 물 탄 듯 물에 술 탄 듯
실핏줄을 통해 세포 속으로 슬그머니 젖어 들어
늑골에 잠복 중인 침묵과 수다를 떨기도 해
기억은 묽어져 독기를 잃었는데
그거 알아
그게 더 취한다

여섯 시간의 시차(時差)

고장 난 시계를 볼 때마다 늘 마음이 조급해진다
시간은 언제나 나를 앞서고 나는 본능적으로 바늘의 방향을 거부한다
한낮의 햇살이 부셔 눈을 부비고 소멸하는 노을을 보며 늦은 점심을 먹는다
길게 드러누운 그림자를 끌고 무표정의 사람들이 지나간다
그 사이로 성난 눈빛의 내 오후가 보인다
불규칙한 심박처럼 덜컹거리는 오후는 폭이 좁아진 강물처럼 빠르게 요동친다
앞서간 시간은 여전히 저만치서 나를 뒤돌아본다
나를 기울고 들추고 밀고 당기는 나의 시계는 지금 몇 시일까
뒤를 돌아 고장 난 시간을 바라본다

3부

민들레의 투쟁사

승리의 굿 마당엔 노란 만장이 펄럭이었다
그 영혼의 홀씨는 장송곡처럼 허공에 뿌려졌다
먼 곳으로 가거라, 훠이…

언 땅에서 죽은 듯 누워 있던 그의 아랫도리를 적신다
거친 땅, 돌 틈을 비집고 본능에 따라 몸을 일으킨다
새로 마주한 세상, 몽글한 바람에 수줍게 고개를 내민다
헉, 발로 짓이기고 독한 저주를 퍼붓는다
이주한 땅에서도 그는 여전히 이방인이다
그는 본디 돌보지 않아도 잘 사는 사람이 아니었다
주적으로 규정지은 적들에 맞서는 DNA로 고착된 것이다
복종을 거부한 그는 자격지심의 괴물이었다

적장 李氏는 최신 화학무기로 무장하였다
그는 솜털 하나라도 다칠세라 전투태세다
몸을 낮추고 뿌리를 깊이 쑤셔 박는다
목 하나가 잘리면 둘을 만들어내는 히드라의 전술로
임전무퇴 백병전으로 첨단무기와 맞설 것이다

유월이면 그는 다시 샛노란 승전가를 울리고
희망의 솜털 풍선을 날릴 것이다

분갈이

껍데기만 남은 겨울을 뒤집어
죽은 시간을 털어낸다

체념으로 눌어붙은 허망한 욕심
목표를 잃고 추락한 날카로운 화살 몇 개
적나라했던 욕망은 이제 형체도 없지만
알 수 없는 부끄러움에 이마저
기억 속 자폭 스위치를 눌러 제거해 버렸다

반납하려던 나이는 고쳐 쓰기로 했다

뒤엉킨 실뿌리와 죽은 등걸 캐내고
굳어진 흙은 남김없이 쏟아냈다
물 잘 빠지도록 다시 난석을 채우고
보드라운 분갈이 흙을 담아
새로 이사 올 봄을 기다린다

버리려던 화분은 다시 쓰기로 했다

궁남지 홍련, 제부도 노을

이른 아침 궁남지 주차장은 텅 비어있다
태양도 본격적인 일과 시작 전이고
하늘은 비가 올 듯 말 듯 아직 마음을 정하지 못했다
너른 연못엔 신비스러운 물안개와 정적뿐이다

연꽃평원 사이로 난 길로 접어들었다
아침 산책을 즐기던 논병아리들 소스라쳐 달아난다
일행 없이 나 혼자인 것을 알고는 소 닭 보듯 한다
왁자지껄 떠들어대며 내 존재는 안중에도 없다

진한 녹색 향이 아침 정원에 너르고 낮게 내려앉았다
곧게 뻗은 줄기가 크고 작은 원반을 받들고 있다
가운데 큰 원반은 베이스 드럼이다
스네어 드럼과 서너 개의 작은북을 주위에 배열하고
좌우 심벌로는 붉은색과 흰색 연꽃을 걸어 놓았다
싱그러운 녹즙 한 잔에 드럼 연주회도 좋을 것 같다

눈높이의 키다리 연꽃은 서른아홉 농익은 여인네인가
돌연 내 쪽으로 몸을 기울이더니 꽃잎을 활짝 열어젖힌다
기습적으로 펼쳐지는 적나라한 광경에 잠시 눈앞이 아득하다

샤워 꼭지 꽃받침은 여남은이 검은 씨앗을 잉태했다
노란 수술들은 말미잘 섬모처럼 흐느적 바다를 유영한다
물안개 자욱하고 주변은 적막하여 혼자인 나는 당혹스럽다
꿈인 듯 벗어나고 싶지만, 몸이 움직여지지 않는다

해가 뜨고 인기척이 늘면서 연못은 평상으로 돌아왔다
사람 소리 개구리 소리 물오리 소리 온갖 소음이 합쳐진 중간에
사르르 들리는 희미한 소리소리 연꽃 벙그는 소리다
녹색화선지에 분홍 하양 빨강 물감이 점점이 번진 듯
연꽃평원은 장노출 사진처럼 형체가 뭉그러져 꿈처럼 몽롱하다

드디어 생각이 났다
얼마 전 넋 놓고 바라보았던 제부도의 그 불타는 저녁노을은
활짝 열어젖힌 그 연꽃의 한 부분이었던 것을
초로의 남자 혼자 낯을 붉힌다

봄비의 선전포고

몇 달 며칠을 그렇게 애태우게 하시더니
밤새 처소를 흥건하게 적셔놓고 홀연히 가셨네요
남새밭 초록빛 생명들 만나러
호미 들고 나서는 아낙의 얼굴이 발그레합니다
열흘 낮과 밤 타오르던 산불은 꺼지고
불길은 계절의 도화선(導花線)에 옮겨붙었습니다
겨울의 품을 벗어나 머뭇거리던 봄은
화약(花藥)을 장전한 몸을 한껏 부풀립니다
봄비의 선전포고는 단호합니다
방방곡곡이 색색의 화염(花焰)으로 타오를 것입니다
계절은 결단코 돌이킬 수 없습니다
펑
퍼엉 펑
터졌습니다
봇물 터졌습니다
붉은 봄물 터졌습니다
곳곳에 꽃 난리가 났습니다

겨울은 함락되고
바야흐로 봄 세상이 왔습니다

야누스의 봄

가을에 묻어둔 구근은 연초록 부리로 콕콕
겨울을 깨고 나가도 되는지 노크한다
햇살이 포슬포슬 흙을 해치며 눈을 맞추면
갯벌 속 칠게처럼 일제히 해치를 밀어 올린다

버드나무 푸석한 가지에도 물기가 돌아
능청스러운 바람의 구애를 못 이긴 척 받아준다
만삭의 꽃눈도 출산을 준비 중이다
민들레는 캔버스에 노란 색실로 봄을 수놓고
제비꽃도 한쪽 구석에 보라 세필細筆로 이름을 새긴다

시련의 계절을 이겨내고 맞이한 찬란한 기쁨
슬프게도 봄 햇살은 모두에게 공평하지 않다
사랑과 미움이 공존하고 응원과 저주가 양립한다

농협에 간다
영양이 풍부한 거름과 독한 제초제를 사러

마당풍경

단칼에 계절이 베어지고
솟구쳐 뿌려진 순교자의 하얀 피
열흘 밤낮 환하게 타오르다가
우윳빛 꽃비로 쏟아져 내린다
목련이 진 자리엔 봄이 쑥쑥 자라난다
바닥은 민들레와 수선화로 노랗고
담벼락 밑엔 꽃잔디가 붉다
아 살구꽃이 피어난다
앵두와 복숭아가 순서를 기다리며
수줍게 눈빛을 주고받는다
연분홍 끈적한 바람이 설핏 불자
봄의 뱃속엔 여름의 씨앗이 둥지를 틀었다
계절 마당엔 온갖 색들로 흥건하다
한 무리 제비꽃도 보랏빛이 짙어졌다
여린 새순은 초록꽃이라 이름 지었다
겨울이 진자리에 봄이 가득하고
여름을 잉태한 봄은 배가 불룩해졌다
무지개 정원의 계절은
지금 막 봄을 지나고 있다

그는 늘 이런 식이었다

툭! 능소화가 마지막 꽃잎을 떨구었다

늦장마의 심술에 잎사귀를 죄다 빼앗긴 담쟁이
허망한 눈으로 핏줄같이 붉은 줄기를 드러내고 있다
처서가 지났음인가 식물들의 성장도 일순 멈추었다
켜켜이 쌓인 젖은 잎들과 물기로 범벅이 된 바람은
뒤따라올 계절의 예고편이다
수십 번은 족히 겪어온 일인데도
또다시 마음은 급해지고 걸음은 허둥댄다
그는 늘 이런 식이었다

허공에 떠돌던 열기를 끌어안고 너닷새 내리던 비
설익은 도토리와 밤톨도 우수수 쏟아지게 하더니
3년여를 버티던 희망의 끈을 그도 그만 놓아 버렸다
완만한 포물선의 궤적이면 좋으련만 툭 계단으로 떨어지는
그날도 계절이 바뀌던 날 비바람이 몹시 사나웠다

이번 가을도 또 그렇게 시작되었다
그는 늘 이런 식이었다

마른 꽃으로라도

1.

봉숭아꽃 진 자리에 봉숭아꽃 또 피었다
비틀린 꼬투리 툭 터진 게 엊그제인데
그새 새싹이 올라오더니 한 해 두 번째 꽃을 피웠다
잘못되었음을 직감했을까 몸집 다 불리기도 전에
어린 신부는 서둘러 밤을 치르고 잉태를 했다
혈관 속의 유전자 시계가 고장 난 것일까
변덕스러운 계절의 속임수에 당한 것일까
칠삭둥이가 된 가을 봉숭아 바람에 위태롭다

2.

곧게 뻗은 숲길을 가로지른다
촉촉하게 은은한 침엽수 향이 폐부 깊숙이 들어온다
청록색의 전나무와 보색을 이룬 붉은 단풍은
가을이 된 사람들의 가슴을 뛰게 하는데
단청도 입지 않은 능가산 대웅전에는
무채색 마른 국화만 창살에 가득 널어놓았다
곧게 뻗은 숲길을 구불구불 걷는다
빛바랜 어머니의 광목 치마처럼 누렇게 탈색된 향기가
전나무의 피톤치드보다 강렬하다
오방색 단풍을 배경으로 거느리고 선

국향이 밴 무채색에 마음을 빼앗긴다

3.
같은 하늘 아래 내소사 경내에
봄에 피어야 할 벚꽃이 가을에도 피었다
너도 그러니, 물어보니 춘추벚나무꽃이란다

인생도 이모작으로 하면 안 될까
봄에 70% 피우고 가을에 나머지 30% 꽃 피우는
춘추벚나무꽃처럼

창살에 걸린 마른 국화로라도

비비정(飛飛亭)에서

바람 빗이 쓸어 올리는 물억새의 반짝이는 은발에
빛은 뭉개어지고 정신은 혼미해져 순간 눈이 멀었다
셔터를 눌러봐도 어떤 피사체도 찍혀 나오지 않는
하얀 태양의 이글거림과 취한 듯 몽롱함이 있을 뿐이다

긴 다리의 몸집이 큰 황새 한 마리 착륙을 위해
곧게 뻗은 잔잔한 물 위를 선회하며 고도를 낮춘다
기차가 지나가는 진동에 놀란 오리 너덧 마리
편대를 이루어 물 위를 달리다 이내 허공으로 떠 오른다
만경 공항 수면 활주로에는 크고 작은 물새들이 뜨고 내린다

강둑에 서서 무심하게 강을 내려다보는 정자에 오르니
물길은 가늘어졌다가 넓어지고 곧았다 이내 구부러진다
해거름에 무리 지어 억새밭으로 내려앉는 철새무리들
낮은 울음 느릿한 걸음걸이로 빈들 가운데를 멈춘 듯 흐르는
가을의 만경강은 정의될 수 없는 모로 누운 자유로움이다

선유도

부안과 군산 사이에 놓인 기나긴 다리 가운데쯤
바다 쪽으로 난 징검다리 디딤돌을 서너 개 건너면
조기 파시 어화 장자 신선이 노닐었다던 섬이 있다

게으른 가을이 제 꼬리를 미처 챙기지 못하고 떠나
아직 겨울이라 부르기에는 민망한 오후 시간이다
사형선고를 받고도 형이 집행되지 못한 채
수족관 감옥에 갇혀 하루하루 살이 말라가는 우럭은
철 지난 바다, 손님이 끊긴 계절이 원망스럽다
날 잡아 잡숴 달라고 애원 섞인 눈빛을 보내는 도미는
정신줄을 놓고 종일 한 방향으로 감방을 맴돌고 있다
망주봉에 매어놓은 염소도 지나가는 사람이 반갑다
매에…, 하고 울자 놀라서 굴러떨어진 돌멩이 하나
내 발끝을 차며 심심한지 시비를 건다
몽돌 해안 식당 주인은 나그네의 행색을 미루어 짐작하고
호객조차 하지 않고 어색하게 던진 눈길마저 금세 거두어간다

대장도 바윗덩이에 부딪힌 태양이 붉은 화염으로 부서지면
종일 외로움에 몸부림치던 신선도
어둠을 틈타 육지로의 탈출을 꿈꾼다

과메기의 다비식

냉한 기운이 가랑이 사이를 비집으면
살갗에 느껴지는 청바지의 서늘함에 소름이 돋는다
매운 날씨도 아닌데 항체형성이 덜 된 탓일까
곱은 손은 주머니 깊은 곳을 헤집는 두더지가 된다
시린 바람에 눈물은 찔끔거리고 웅크린 몸은 동그랗게 말린다

비린내가 설핏 감도는 냉기, 그래 딱 지금이다

나는 장기기증 서약을 마치고 수술대에 올랐다
열흘 낮과 밤을 차가운 철봉에 거꾸로 매달려
해풍에 얼고 녹는 생체실험도 견뎌내야 했다
언 하늘에 비친 윤기 흐르는 탱글탱글한 구릿빛 피부
이만하면 그를 만날 준비가 된 것이다

거룩한 날이다
태초에 새겨진 나의 유전자 시계는 오늘에 멈춰있었다
실파와 다시마 어슷 썬 마늘과 풋고추를 거느리고
붉은 초장 망토를 두른 채 새하얀 배춧잎에 가부좌를 틀었다
오늘을 향해 지나온 차가운 바닷속 어둠과 거친 파도

북받치는 설움과 차오르는 감동에 목젖이 움찔거린다
바깥 날씨를 닮은 차갑고 투명한 소주 한 잔이 더해진다면
나는 영광의 열반에 오를 것이다

형체도 없이 느낌으로만 남은 겨울을 툭 던져 놓고
자, 술 들어갑니다
그대의 차가운 거화주 한 잔에 나는 뜨겁게 타오릅니다
시야 가득 서러운 하얀 재가 나비 떼로 허공에서 춤을 추는
오늘 서울엔 대설주의보가 내렸습니다

매화실 나무

모진 겨울 용케도 살아남았구나
환한 얼굴 다시 보니 반갑다
사람들은 내 작은 몸짓 엷은 미소에도
군자의 품격이라 환호하고 칭송한다

이내 가지마다 걸어둔 찬란한 조명이 하나둘 꺼지면
썰물 뒤 검은 개펄처럼 빈 객석만 덩그렇다
한바탕의 축제 그 취기가 사라지고
바닥에 나뒹구는 시든 청춘은
낙선한 정치인의 공약보다도 저렴하다

무대복을 벗고 일상복으로 갈아입는다
후끈 달아오르다 이내 식어버리는 헛헛함도
해가 거듭되면서 익숙해진다
그러나 모양을 갖추어가는 품격 있는 모습에 가슴이 뛴다
가을, 반짝이는 조명도 환호하던 군중도 없지만
작품에 내 유전자를 새긴 낙관을 치는
벅참은 주체할 길 없다

복수초 · 1

찌억 쩍 계절에 금이 가는 소리 들리고
두꺼운 얼음 둑에 작은 구멍 하나둘 열리기 시작했다
화들짝 놀란 한기(寒氣)는 손가락으로 막아보지만
한번 터진 봇물을 막기에는 역부족이다
허술한 경계의 틈을 탄 척후병은
노란 안테나의 좌표를 태양으로 맞추고
오목거울로 끌어모은 기운을 지하로 내려보낸다
땅속의 비밀통로는 모세혈관처럼 이어지고
봄의 에너지는 순식간에 동심원으로 퍼져나간다
땅속으로 은밀하게 스며든 계절의 게릴라는
곳곳의 봉화대에서 봄 연기를 피워 올릴 것이다
쇠락한 겨울은 사기가 떨어져 속수무책이고
이미 계절의 반란은 시작되었다

복수초 · 2

- 지우고 다시 쓰기

꿈에…
가지 끝에 걸린 식어버린 햇살의 흔적
맥없이 떨어져 바닥에 나뒹구는 바람
생명체를 찾을 수 없는 낯선 행성의 모습이다
그림자마저 동행을 거부하는 그곳에선
보관된 기억조차 되살릴 수 없었다
뒤돌아서기조차 위태로운 가느다란 외길에
떠밀리듯 한 걸음 내디딘 걸음도
디딜 곳을 찾지 못해 허공에서 허우적댄다
나만의 욕심으로 박제해 둔 감정을
이제 지울 때가 된 것일까

복수초의 볼록렌즈에 모여진 노란 온기가
냉동 보관된 봄의 해동 버튼을 누르면
듬성듬성 선 깡마른 체구의 나무 몇 그루
까슬한 껍데기 안 속살에도 물기가 번진다
무표정한 백조의 물 밑 발버둥처럼
가는 대공을 타고 스며든 태양의 에너지가
소리 없이 언 땅속에 메아리치면
섬뜩이며 반짝이던 서릿발 칼날들도
투명한 눈물로 욕망을 리셋한다

눈썹달도 살을 찌우며 둥글어지는
입춘 즈음에

거미줄

- 촘촘한 욕심, 성근 여유로움

1.

욕심이 지나쳐 바람까지 잡아먹었다
바람을 가득 품은 거미줄은 배가 터질 듯하다
변덕스러운 작은 움직임에도 출렁이며 위태롭다
그물코에 갇힌 이슬도 탈출을 포기했다
바람에 찢기고 물방울의 무게에 터져버린 덫
그는 하루살이 하나 얻지 못하고 주린 배를 움켜쥔다
욕심이라는 덫에 걸린 거미줄은 오늘도 공허하다
이파리 사이 궁색한 오두막에는 눅눅한 허기가 돈다
바람을 잡아먹은 것은 허기진 배를 채우기 위함이었다

2.

조금의 주저함도 없이 난간에서 뛰어 내린다
반짝이는 로프를 타고 능숙하게 레펠링한다
나무에서 나무로, 끝에서 끝으로
허망한 공간에 찬란한 경계를 만들어 간다
중앙에서 바깥으로 나선형으로 돌며
굵고 탱탱한 밧줄로 성근 구조물이 세워졌다
짓궂은 바람의 장난에도 무심한 듯 흔들림이 없다
경계심도 없이 성근 그물 사이를 오가던 잠자리는
그날 저녁 그의 식탁에 올랐다

4부

green green grass of home*

- 마곡나루 아바이마을

후끈하고 눅눅한 그리움이 끈적하게 묻어나는
그곳에는 지중해 실향민 집단정착촌이 있다

꿈을 찾아 고향을 떠나온 이
실수로 사고를 당한 이 통치자에게 추방당한 이
입양된 양부모에게 버려져 난민으로 전전하던 이
그리스와 로마 케이프타운 이스탄불에서 온
다양한 사연을 가진 이웃들이 서로를 위로하며
텅 빈 가슴을 기대고 살아가는 곳
잉크 빛깔 바다에 춤추듯 흔들리는 작은 고깃배
깎아지른 벼랑에 하얀 건물이 빼곡히 매달린 마을
부드럽게 일렁이며 살갗을 간질이는 몽글한 바람이
초점 잃은 눈동자에 홀로그램으로 떠돈다

어린왕자에게 미움을 산 바오바브나무 한 그루도
목숨 부지를 위해 탈출해 친구도 없이 홀로 지내고 있다
그리스 나바지오 바닷가 절벽에 서 있던 올리브나무는
발을 헛디뎌 추락해 정신을 잃고 마곡나루로 실려 왔다
지중해를 등진 조상들이 오랜 세월 이곳저곳을 떠돌아
고향의 기억조차 없는 바질과 민트는 향기를 잃어버렸다
케이프타운보다 이곳이 더 좋다는 오레가노는 깻잎 향

이 난다
파슬리는 귀향을 포기하고 국적을 바꾸었다

지금 실향민들의 집단정착촌에는
언젠가는 고향에 돌아갈 수 있으리라는 희망을 붙들고
각자 부스를 마련해 자기들의 고향을 홍보하고 있다
시종일관 미소를 머금고 어떤 질문에도 상냥하게 답하며
나는 지금 너무 행복하답니다, 거짓 증거를 하고 있다

새마을운동 시절 각하가 지나가는 길을 따라
빨강 파랑 페인트로 덧칠한 함석지붕 마을처럼
향기 없는 미소를 보내는 투명 돔 실향민정착촌은
갑자기 표정을 바꾸는 계절보다 더 을씨년스럽다
서쪽으로 내닫는 해를 한나절만 따라가면 고향인데
투명 어깨리가 탱자나무를 대신하고 있다

* green green grass of home은 Tom jones의 노래로 시한부 사형수가 고향을 그리며 눈물짓는 내용의 가사다.

어머니의 종교

윤기 반지르르한 하얀색 도화지 위에
탱글탱글한 연두색 알갱이가 점점이 박혀있다
매해 음력 오월 열여드레 그날의 풍경은
항상 그런 밑그림으로 시작되었다
내 어릴 적 기억이 시작된 이래로
어머니가 부엌일을 놓으실 때까지는 그랬다

세 식구가 둘러앉은 동그란 소반에는
보석 같은 완두콩이 박혀있는 흰 쌀밥과
형편에 따라 내용물이 달라지는 미역국
김치와 장 그리고 두어 줌의 푸성귀가 전부였다

완두콩을 섞은 하얀 쌀밥은
무녀독남 외아들의 생일을 축하하는
어머니만의 숭고한 의식이었다

소반에 둘러앉던 셋 중 두 분은 안 계신다

이제 사위와 두 손주까지 식구가 여덟이다
보쌈과 치킨, 피자와 케이크 그리고 냉면과 와인
케이크에 꽂아놓은 큰 초 6개에 불이 켜지고

떠들썩하게 노래가 끝났다

자꾸 눈의 초점이 흐려져 촛불이 꺼지지 않는다
셋이 여덟이 되고 작은 소반이 풍성해졌는데도
마음이 헛헛하다 내 생일 같지 않다

묻고 싶었다

의식을 치르듯 완두 콩밥 생일상을 차려준
당신에게 나는 어떤 의미이었는지…

프리지어 어머니

축하 꽃다발로 받아와 화병에 꽂혀있는 프리지어
두 주 지난 지금도 노란빛이 선명하다
생명 연장 기술로 시들지도 못한 채
굳은 표정으로 억지웃음 짓고 있다
죽을 권리조차 빼앗긴 그의 감정노동은
언제 끝날지 모른다
그만 나를 놓아달라는
애절한 눈빛이 그믐달처럼 서럽다

어머니 응급실 침대 옆에 꽂혀 있는 링거줄
그 집요하고 투명한 줄기가 전신을 휘감는다
죽어지지 못하고 깨어나 또다시 떠진 눈
놓아달라는 소리 없는 애원이 눈동자에 핏발로 서렸다

생후 두 번째 맞는 임인년(壬寅年)
한 바퀴 돌아 새로 한 살 먹고서야 철이 드나보다
가신 지 수년이 되어서야
프리지어 봄꽃으로 다시 오신 어머니
효를 가장한 못난 아들의 빗나간 위선을
적나라하게 일깨워 준다

인연

최근 새로이 연을 맺은
木氏 집안 세 남매 蓮, 瓜, 花

지난 늦가을 마당에 이주해 온 목련(木蓮)은
짧은 몸살을 지나 올 봄 첫 꽃을 피웠다
가시마나 듬성듬성 달빛 대양을 걸어놓았다
성격 좋고 정 많은 복덩어리 살림 밑천이다
목련이 벙글 때쯤 모과(木瓜)나무를 데려왔다
새 땅에서 몸살 중이지만 잘 견디고 있다
말수가 적고 투박하지만 믿음직한 장정이다
목화(木花) 씨앗은 식음을 전폐하며 애를 태우다
믿음으로 기다려주니 수줍게 마음을 열었다
낯가림이 심하고 잘 토라지는 사춘기 소녀 같다

초면의 木氏 세 남매가 어쩐지 낯설지 않다
가만… 내 성씨도 木子이구나
그래 우린 남이 아니었어

동식이와 박스형

어떤 인기가수의 노랫말에서 언급이 된 뒤로
요즘 테스형의 인기는 하늘을 찌른다

반해 그의 친구 박스형은 퇴직 후 보안요원으로 일한다
성실했던 형도 이제 나이는 어쩔 수 없나 보다
근무지에 정위치 해 가끔 선 채로 졸기도 한다
봄이라 그런가 아침잠이 많은가
이른 시간이면 더 그렇다

동식이는 내 친구다
李씨가 다 그렇듯 급한 성격에 지루한 것을 못 견뎌 한다
고정 근무보다 순환근무나 파견 근무를 선호한다
근무 시간 중에도 자리를 비우기 일쑤이다
신출귀몰 기동성이 좋은 보안요원이다

최근 일급 기밀인 이들의 근무 위치가 밖으로 흘러 나갔다
내비라는 꽃뱀과 내부 요원의 내통으로 추정된다
회사의 수익은 반 토막 나고 철밥통인 줄 알았던
동식이와 박스형의 자리도 위협받고 있다
회사는 이들 대신 구간단속 자리를 늘리겠다고 한다

오늘도 내비양의 나긋한 고자질은 계속된다
육백 미터 앞 시속 백십 킬로 박스형 과속 단속 구간입니다
삼백 미터 앞 시속 구십 킬로 이동식 과속 단속 구간입니다

이번 주말 시골 내려가는 길에도
박스형과 동식이를 여러 번 만날 것이다
자리에서 밀려나지 말고 오랫동안 만나길 바라본다
귀가 얇고 입이 방정인 내비양의 목소리로
잠시 후 시속 구십 킬로 구간단속 시작 지점입니다

드디어 시작되었다
아무래도 박스형과 동식이의 자리가 위태롭다

아 동식아, 아… 박스형!

인저리타임(injury time)을 보내며

마지막 찰나가 잘록한 통로를 빠져나갔다
중력을 거스를 수 없어 쏟아진 시간은
그의 악보에 걸린 도돌이표도 회수해 갔다
정해진 시한부의 타이머는 멈추어 섰고
바닥엔 과거라는 시간의 사체들이 쌓여있다
까치발을 해야 겨우 닿을 높이에
읽혀지지 못한 채 낡아져 가는 벽이 있다
무릎에서 머리까지의 세로와
양팔 넓이 가로 크기의 창문 모양
그 사각형 밖 책장은 벽이다
크로마키 테두리에 붙박이 되어
끝끝내 펼쳐지지 못할지도 모르는 책
그 밖의 배경에 머무르는 푸른 철자들
시간의 사체들을 뒤적여
그 밖에서 그 밖으로 탈출할
작은 실마리를 찾다가도
추가시간 외에 더 이상 살아있는 것이 없다는
사실에 침묵한다
돌림노래의 부서진 쪼가리에서
반 박자 느린 메아리의 본성을 알아챈 뒤
망상인지 섬망인지 모를

몸과 마음의 우아한 불일치를 느껴본다
무언가를 하겠다는 생각과
지나간 그 무엇이 도무지 연결되지 않는다
문장이 된 책들과 침묵이 된 말들은
각자의 표정으로 서로를 바라본다
분명치 않은 중얼거리는 말투로
엇박자의 울림이 거룩한 돌림노래로 들린다
일정한 거리를 두고 반복되는 말과 문장은
한 번도 마주치지 못했다
오뚜기처럼 모래시계는 끝내 쓰러지지 않았고
인저리타임도 얼마 남지 않았다
움직임을 멈춘 사체(沙体)가 화석으로 굳어진다

길음리 서정

갈까 말까
큰 고민 없이 쉬이 결정이 내려지는 곳
길음리가 지척에 있다는 것은 작은 행복이다

방조제에 발길을 멈춘 평퍼짐한 호수에는
햇살이 잘게 부스러져 바스락거린다
침몰 직전의 목선 한 척
몇 가닥 갈대에 목숨을 구걸한다
건너편 둑에서 불거져 나온 작은 반도(半島)
잡목 수풀에는 수많은 생명이 깃들어 산다

수면을 휩쓸고 강둑을 타고 오른 바람은
엊그제까지 느릿느릿 흐느적거리더니
어느새 고슬고슬 몇 가닥 서늘함까지 묻어난다

입추, 절기가 바뀌었다
팽나무 아래 평상의 선풍기는 이미 폐경이다
더는 바람을 생산할 능력이 없고
이제는 호숫가 바람의 부양을 받아 생활한다
선풍기가 바람을 잡아먹고 있다
바람 먹고 돌아가는 선풍기

아아, 현기증을 느낀다
어지럽다고 도리도리
이제 그만하란다

풍차가 된 선풍기
어지러워 고장 난 노란 풍차
아직 친해질 만큼은 아닌데도
꼬리를 흔들며 발밑으로 파고드는 강아지
혼자서 으르렁 화를 내기도 하지만
지극한 고요도 아닌 지독히 편안한 곳
길음리

경기도 평택시 오성면 길음리, 살고 싶은 곳

봄개나루 앨범

이른 아침에 나섰던 상여꾼들이 해거름에 돌아오는 만경평야
대장촌은 사방을 둘러보아도 지평선조차 찾기 힘들다
젓배가 드나들던 봄개나루(春浦)엔 두 가닥의 쇠막대가 놓였다
가을걷이 끝나자마자 빼앗긴 벼는 방앗간에서 현미가 되어
철길을 따라 군산항으로 옮겨져 차곡차곡 배에 실렸다
철로에 거친 숨을 하얗게 토해놓는 도둑 기차는
소작농 집 아이들 숫자만 늘려놓았다

07:33 대장역에서 통학생들을 가득 채운 열차가 출발한다
남성고 이리고 원광고 이리여고 남성여고 원광여상
똑같은 교복 똑같은 머리 똑같은 가방을 든 똑같은 학생들
기차 양쪽 벽으로 한 줄 빼면 복도 전체가 입석인 통학열차
병아리 강아지에 텃밭에서 키운 푸성귀 한 줌까지
죄다 쓸어 담은 할머니가 동이리역에서 내린다
삼례 장날엔 다라이를 이고 하행선 열차에 오른다
소박맞은 임피댁 이야기가 바퀴에 휘감기고

절절한 연애사가 창문으로 사라진다

백 년을 쉼 없이 달리던 비둘기호 통일호 무궁화호 열차가 멈추고
멀쩡한 철로를 걷어내더니 공중에 다리를 매달아 놓았다
이제 춘포에 서지 않는 고속열차는 바람마저 시퍼렇게 날이 서 있다
마을에선 아이 울음소리 하나 들리지 않는다
추수 끝난 빈들에 짚눌은 커녕 짚토매 하나 보이지 않는다
문명의 달빛은 모든 이에게 공평하게 비추지 않는다
헐벗은 나무가 제 몸에 손을 낀 채 늦가을을 견디고 있다
역사(歷史)를 지키는 역사(驛舍)엔 역사(力士)가 없다

가을 곰소에서

한쪽 면이 바다인 도로가 몇 번 접었다 펴지면
쓸어도 또 쏟아져 하얗게 쌓이는 싸락눈처럼
짠내로 꾸덕한 기억이 풀치 더미 위에 매달려 있다
원조라고 붙은 젓갈 집 간판이 몇 개인가 지나고
논이었다가 펄밭이 되고 다시 들판이 바다로 변해
갈대인지 억새인지 헛갈리는 키 큰 풀 우거진
그 옆에 하얀 소금을 품고 있는 검은 창고가 있다

경지정리 된 논처럼 네모반듯한 결정지
바닷물이 가물어 타일 바닥이 쩍쩍 소리를 낸다
염부들의 발자국이 인쇄된 수레 차는 박제되어
어느 박물관으로 실려 갔다지
결정지와 창고를 운행하던 비정기 화물열차는
운행을 멈추었고 기관사는 대리운전한다고 했다

너른 펄에 박혀있는 키 작은 빨간 등대는
바닷물이 물러나자 부끄러운 아랫도리를 훤히 드러냈다
갯 능선에서 흘러내린 가는 물줄기가 나무가 되고
아름드리나무가 모여 거대한 숲을 이룬다
진한 회색 펄 판자에 음각으로 조각되는 나무들은
질투에 눈먼 심술궂은 파도가 망가뜨려 놓겠지만

그가 뒤돌아서면 또다시 태어나는 나무와 숲
태곳적부터 계속되는 이 둘의 싸움을
하반신이 마비된 목선 하나 지그시 바라보고 있다

절벽 어디 맑은 기운이 샘솟는 곳에서 태어나
로즈메리가 숲을 이룬 벼랑을 지나온 바람은
잠시 후 시작될 황홀한 공연을 예고하고 있다
흔들이 향로가 출렁이면 무대는 로즈메리 정원이 되고
주황색 조명이 은은하게 드리워진다
검붉은 배경에 선 Kenny G의 마지막 연주가 끝나고
바다와 하늘과 내가 어둠으로 하나 될 때…

짠내마저 향기로웠던 젊은 날의 가을 곰소여

잘못될 느낌

1년 중 가장 덥다던 날 멋대로 자란 모양을 바로잡겠다며 밑그림도 없이 웃자란 가지를 하나둘 잘라내다 보니 몸통 하나에 가지 세 가닥 대추나무 삼지창 하나가 세워졌다 수북하게 잘린 가지엔 슬어놓은 거미 알 같은 연둣빛 눈망울이 그득한데 시들어져 가는 그들의 눈빛에서 무언가 잘못되고 있음이 시퍼렇게 느껴졌다

제 몸의 반 이상이 잘려진 나무는 생사의 갈림길에서 살아남을 결심을 한 듯 굵어져 가던 여린 열매들을 향해 계백의 심정으로 칼을 빼들었다 날카롭게 날을 세운 가시를 감추고 쉼 없이 사방으로 가지를 뻗쳐 나갔다 추분(秋分)이 지날 때가 되어서야 나무는 여문 대추 한 톨 없이 빈손으로 우거진 두 달 전 대서(大暑)의 모습으로 돌아왔다 살아남겠다는 항전의 기간 동안 나무는 시간의 대열에서 낙오되었다 아직도 여름에 머물러 있는 나무는 여물지도 못할 열매를 줄줄이 틔워내며 고비를 넘긴 줄 알고 한숨을 내려놓는다

오늘 밤이슬이 맺히고 내일 새벽 고엽제 같은 서리가 내리면 말라비틀어질 성성한 이파리와 어린 열매들 숲엔 밤새 차가운 비가 내렸고 계절은 가을을 지나고 있는데 아

직도 여름의 한복판에 서 있는 철없는 나무 준비 없이 맞게 될 그의 겨울에 내 가슴은 벌써 시퍼렇게 아려온다

무엇이 잘못되어져 가고 있는지도 모르는 철없는 그와
선부른 판단 어떻게 도와줄 방법이 없는 안타까운 그

공존을 위하여

죽으심을 축하하고 탄생을 애도합니다
아 실수…
축하와 애도의 인사가 어긋났다고 둘러댔으니 일단 책임은 면했고
속마음을 표현하고 나니 속은 후련합니다
사실 축하해 줄 죽음도 많습니다
당사자에게 축하를 건네야 할 죽음도 있고
그의 죽음에 남아있는 이들이 축하받아야 할 때도 있지요

"집 밖에선 원수처럼
집 안에서는 애인처럼
수입은 각자 관리
동반 외출은 금지
일주일에 한 번 동침 허용"

이 암묵적 계약은 어떤 성문법보다 효력이 셉니다
사실 축하와 애도는 둘도 없는 친구입니다
둘이 친구라는 사실을 아는 사람은 없습니다
둘도 사실 친구라고 생각지도 않습니다
둘이 같이 있을 때는 친구처럼 보이지만 둘은 원수지간입니다

둘은 한 지붕 아래에서 지내지만 둘 말고는 아는 사람이 없습니다

외발로 선 둘은 둘 중 하나가 없으면 살 수 없습니다

둘의 비밀스러운 동거는 계약을 근거로 지속이 됩니다

가식적으로 행복한 축하의 얼굴에 염산이라도 뿌리고 싶다고 생각했지만

애도는 환하게 웃었습니다

슬픈 표정은 왜케 역겨운 거야 아 토 나올 것 같다고 말할 뻔했지만

축하는 애도의 눈을 바라보며 지긋이 웃었습니다

집안에 단둘만 있었으니까요

오늘도 문을 나서는 그를 향해 그녀는 환하게 웃어 줍니다

유산 포기 각서

1.

마을 뒤켠 등산로 초입 너럭바위는
저승으로 도망치는 비상구였다
바위 옆 늙고 덩치 큰 소나무에는 또
서러운 바람이 하얀 춤사위를 펼쳐놓았다
요령 소리도 만장의 펄럭임도 없다
영혼을 도둑맞고 이승에 남은 사람들은
무표정하게 버거운 하루를 살아내야 했다
삼나무 삶는 냄새와 베틀의 덜거덕 소리
세간 깨어지는 소리와 낡아 늘어지는 노랫가락

큰집 작은집 조카네 당숙네 사촌 형네 삼촌네
동네 전체가 거대한 가족이다
그가 양자로 들어간 집은 형편이 좀 나았다
새로 들어온 작은어머니가 그만 아들을 낳았다
가난한 집으로 되돌아온 그는 또 술에 취했다
반복되는 힘겨운 하루에 몸도 마음도 병들어갔다
그도 두 승의 경계에서 도망을 마음먹었다

돌담 아래 조잘대던 실개천 우물가에 늘어진 향나무
키 큰 갈대와 말잠자리 돌밭 사이 감나무 숲
굽다 만 빨간 가재 족제비가 드나들던 구멍 뚫린 닭장

지게에 나를 태우고 나무하러 다니셨던 아재
깨진 물동이와 손때 묻은 낡은 화투장
그가 이승으로 탈출하며
남겨두고 온 유산이다

2.
너럭바위 낙락장송은 최고의 포토존이다
곡괭이 둘러메고 오가던 음습한 고갯길에는
찬란하게 넘치는 생기가 계절을 앞서간다
돌담 삼나무밭 실개천 자갈 더미 감나무밭에는
시커먼 아스팔트 카펫이 반듯하게 깔려 있고
부잣집 도련님처럼 말끔하게 차려입은
크고 작은 차들이 오열을 맞춰 늘어서 있다

검은 포장도로에 유령처럼 아지랑이가 피어오른다
그는 어지러워 정신을 잃었다

그가 자연에 되돌려주고 떠나왔던 곳인데
하나둘 모여들더니 또다시 자연을 유린하고 있다
알 수 없는 소리로 조잘거리며 모이고 흩어지는 저들은
화려한 생기를 눌러쓴 악마의 신기루였다

그는 그곳에서 유산 찾기를 포기했다
그리고 각서를 썼다
기억 유산은 가슴에만 묻어두겠노라고

살아온 너, 살아갈 나

산언덕을 내려가는 길에 너를 만났지
너는 억눌린 무게로 헐떡이며 오르고 있었어
너의 눈은 초점을 잃었고 쓰러지기 직전이었지
온몸은 상처로 가득하고 정신은 혼미해 보였어
허공을 디딘 발에 너의 온몸은 벼랑으로 내동댕이쳐졌어
착하게 山, 바르게 山, 희생하며 山, 가족을 위해 山

네가 지나온 날을 하루씩 더하면
나는 남아있는 날을 하루씩 뺀다

너는 아직 살아 있다
네 머리맡 달력 디데이에서 하루를 뺀다
너는 외나무다리에서 만난 원수와도 화해를 시도한다
아스팔트에 고약처럼 말라붙은 로드킬 고양이 살 몇 점과
펄럭이는 경비행기 비늘 두어 장이면 너는 오늘도 만족하다
간밤 술주정에 정이품송을 송두리째 뽑아놓은 바람도
심신미약이었다고 세조 임금께 용서를 구해보리라
썩은 도끼 대신 금도끼가 자기 것이라고 산신령을 속인
나무꾼에게도 그럴만한 사정이 있었을 것이다
해 질 녘 바람은 색깔별로 병에 담아 놓았다가

끈적한 그리움이 일면 꺼내 볼 작정이다
늙은 매미 유충도 불러내 영탁의 '막걸리 한 잔' 부르게 해야지
비 오는 날엔 녹색 병 바람이 좋겠다

말 눈가리개 씌우고 앞만 보고 달리라 하면
나는 가만히 주저앉아 내 그림자와 놀 것이다

네가 나에게 가르쳐준 대로
내가 너에게 답을 한다

멀어진 미륵의 꿈

1.
나는 지금 광야를 떠돌고 있습니다

내가 살던 동네는 석 씨 천 가구가 모여 살던
동양 최대 화강석(石) 씨 집성촌이었습니다
한때 나라의 수도란 화려한 세월도 있었지만
오랜 세월의 풍파는 예외가 아니었습니다
집들은 기둥이 부러지고 물이 새고
하나둘 떠나간 자리에는 잡초가 무성해졌습니다
쇠락을 거듭하던 동네에 석 씨 종친회가 열렸고
마침내 도시재개발사업을 하기로 했습니다

지금 새롭게 단장된 마을은 몇 안 되는 원주민과
새롭게 이주해 온 젊은 석 씨로 다시 천호가 되었습니다
집문서를 찾지 못해 끝내 마을로 돌아가지 못한
나와 같은 원주민들도 부지기수입니다
지금 내 집터에는 젊은 조카가 이사를 왔습니다
머리띠도 둘러보고 목이 터지라고 외쳐도 보았습니다
이제는 누구도 우리에게 관심이 없습니다
형님 아우 조카들과 친구들이 사는 저곳
화려한 불빛이 바라다보이는 도시지만

이제 천 년 전의 영화는 잊은 지 오래입니다

2.

봄가을 소풍 철에는 아이들로 북적였던 곳이다
농부도 새참 막걸리 한 잔에 쪽잠을 자기에 제격이었고
야트막하니 둥근 산을 배경으로 낯익은 하늘과 조화를 이룬
마음씨 넉넉한 덩치 큰 삼촌 같은 온기가 있는 탑이었다
석공의 망치와 정 대신 육중한 톱과 그라인더로
찍어내듯 만든 흉물 하나, 회색 괴물이다
익산시 금마면 기양리 98-2 석탑의 깨어진 돌덩이는
미륵의 희망에서 오늘도 한 발짝 더 멀어지고 있다
미륵, 그 미래의 부처에게서 우리는 한 발짝씩 멀어지고 있다

감추기(感秋期)의 추석

바람 소리와 빗소리가 범벅이 되고
의식과 무의식이 뒤엉킨 새벽 서너 시간을
어둠을 끌어안고 필사적으로 버티다가
끝내 밝아져 버린 의식에 절망하고 말았다
기억의 작은 여운마저도 남겨두지 않은 채
땅에 닿기도 전에 증발해 버린 가을 빗줄기는
대나무 숲에서 파도 소리로 일렁이고 있다

새금팍으로 금을 긋고 맨몸으로 뒹굴던 흙바탕도
불콰해진 얼굴로 막걸리 사발 부딪칠 사람들도 없다
모종에 모여 온 마을을 명절 분위기로 홍을 돋우던
풍장소리 사라진 지도 몇 해가 지났다
꽹메기 치던 사람도 녹슨 사물(四物)도 이제는 없다
내리막길 따라 갈지자로 패인 마른 물길만
그 흔적을 나타내주고 있다

봄을 생각하는 아이는
마른 물길 이마에 눕히고
가을을 느끼는 나이가 되었다

5부

19년생 고론아

딸랑딸랑 종이 울리고 차단기가 내려졌다
서녘 하늘에서 그르렁거리던 소리가 점점 가까워진다
콰르르렁 포효와 진동을 동반한 크고 무거운 물체가
포탄처럼 날아와 바닥에 박혔다

세상이 멈추었다
칠흑같이 어둡고 음습한 기운
사향고양이의 찢어질 듯 날카로운 비명
빈대풀의 비릿한 냄새가 역겹다
푸드덕 날아오르는 어둠 속의 생명체에
온몸의 솜털을 곧추세워 경계 태세를 취한다

인간들에게 계엄령이 내려졌다
나를 포함한 모든 인간이 체포되고 구금되었다
전자발찌를 채우고 행동반경을 제한했다
범법자는 독방에 가두고 접근 금지령을 내렸다
마스크를 씌워 발언의 자유조차 제한했다
5호 담당제로 서로를 감시하게 했다

삶과죽음 행복과불행 부유와빈곤 동양과서양 흑인과아
시안

모이는것과흩어지는것 진짜와가짜 신과인간 정의와불의
전체와하나 피해자와가해자 천사와악마 실제와상상
순간과영원 축복과저주 오만과편견 영웅과악당 민주와
독재
남자와여자 화이자와아스트라제네카 중국과미국

하늘이 비로소 하늘색 옷을 입게 되던 날
숲에서는 생명들이 수군대는 소리가 들렸다
물고기들은 천방지축 뛰어다니고
돌고래가 축하 비행을 하고 꽃은 더욱 붉어졌다
새들은 왈츠 리듬에 맞춰 갈라쇼를 하며 링크를 활주한다

19년생 고론아는 절망이지만 희망이다
인간 스스로 할 수 없던 일을 대신해주는 고론아
그가 희망이라는 걸 인간들만 모른다
자신들이 어떤 죄로 처벌받고 있는 것인지

마지막 철수작전

여름을 태운 마지막 수송기가 카불을 떠났다
자유와 보호를 책임진다던 무책임한 계절의 철수로
보급로가 끊긴 나무들이 아우성친다
계절을 따라 이륙하려던 바람은
추력을 잃고 나뒹굴다 탈출을 포기했다
여름민병대에 기대던 나무 몇 그루 송두리째 베어지고
녹색 깃발이 알카에다에 의해 서서히 내려지고 있다

여름이 떠난 빈자리는 잔인한 탈레반이 접수했다
광장에는 황갈적(黃褐赤) 깃발이 나부낄 것이다
가난한 나무에 무성하게 매달린 식솔들도
비우고 덜어내어 인고의 겨울을 견뎌내야 한다

전기료를 감당할 수 없어 카불이 암흑이 될 거라는 점령군
가을꽃들이 여기저기서 긴 겨울을 견디기 위해 투항한다
하얀색도 잿빛도 아닌 투명한 연기로 올라
3색 위장무늬 깃발 내려지고
투항의 백기가 올라가기까지

부르카에 갇힌 가을의 눈빛이 불안하게 흔들린다

젖먹이 물고기의 죽음

탯줄을 타고 흘러드는 어미젖을 홀짝거리다
이제 막 세상에 나온 어린 짐승은
덜컥 어미의 몸을 빠져나오자 천 길 시커먼 물 속이었다
물살을 거스르기엔 건조하고 연약한 관절
숨 쉴 아가미는커녕 물에 뜨는 공기주머니 하나 없다
수천만 년 전에 이곳으로 이주해 온 그의 조상은
이름에 어(漁)자는커녕 멸치의 "치"자도 부여받지 못한 채
여태껏 정착하지 못하고 떠돌아다니는 유목민이다
물고기도 아닌 바다에서 사는 이 짐승은
바닷물을 통째로 들이키는 반란도 꿈꾸어 보지만
가쁜 숨을 참지 못하고 이내 분수처럼 되뿜어내야 했다
정체성을 거부한 이들은 끝내 벼랑에서 뛰어내렸다
마리아나 해구엔 익사한 그들의 공동묘지가 있다
뭍으로의 탈출은 번번이 해변에서 좌절되었다
육지와 바다 그 중간쯤에서 희미해져 가는 의식
유전자에 각인된 기억은 푸른 초원을 떠돌고
출렁임을 잊은 젖꼭지 한 쌍 모래톱에 화석처럼 박혀있다

그들은 아직도 고래라는 떠돌이 생명체로 불린다

바위솔[瓦松] · 4

1.
이른 새벽에 깨어 뒤척이다 아침을 맞았다
싸락싸락 눈 내리는 진동을 달팽이관이 낚아채
겁 많은 시신경을 부추겨 경계를 세운 탓이다
바람에 휩쓸려 간 눈은 담장 밑을 둘러 성을 쌓았다
볕이 잘 드는 한두 평 남짓의 텃밭 한켠에
방치된 유물인 듯 군데군데 헐리고 무너져 내린
높고 낮은 백여 개의 탑들이 있다
지난밤에 내린 눈이 돌탑 무리에 층층이 쌓여있다
낡은 등걸에 올라앉아 반짝이는 눈빛이 처연하다

2.
내설악 봉정골을 흐르며 격랑의 세월을 보낸 물살은
수렴동 너른 벌에 도달하고서야 비로소 시름을 눕힌다
오래전 백담사에 들른 기억이 있다
강보다 너른 수렴동 계곡에서 넋을 놓고 돌탑을 쌓았다
누구와 어떤 마음의 갈등이 그곳으로 이끌었는지
무엇을 발원하며 탑을 쌓았는지는 기억이 없다
거친 물살도 운행을 멈추고 잠시 쉬어가는 그곳에서
번잡한 마음 바위에 널어놓고 쌓았던 탑이다
내 눈앞 작은 텃밭에 그 탑이 있다

3.

한숨의 생기조차 찾아볼 수 없는 창백한 피부와
제멋대로 기울고 힘없이 녹아내린 그의 몸이 위태롭다
봄날에 다시 오겠다는 기약을 사립문에 걸어둔 채
시간에 쫓긴 영혼은 황급히 모습을 감추었다
빈집을 이고선 그는 숲속의 앙코르와트로 깊은 잠에 빠져있다
3월이면 다시 푸른 피가 돌고 새로운 영혼이 입혀질 것이다
돌탑을 쌓으며 바랬던 기억도 같이 데리고 올 것이다
플라스틱 크리스마스트리처럼 핏기 없는 와송에
켜켜이 쌓인 싸락눈만 은실처럼 해맑게 눈을 반짝인다

가자 섬으로

반바지 운동복이 서늘하게 느껴졌다 가을 아침 몸은 자꾸만 움츠러들고 만국기의 펄럭임도 경쾌하게 흘러나오는 행진곡도 가깝지 않다 오선지처럼 그어진 달리기 트랙으로 다가갈수록 가슴 방망이질은 더욱 요란해진다 꼴찌라도 좋으니 골인 지점에 서 있었으면 좋겠다는 생각을 하고 있을 때 땅…소리에 놀라지 않았다면 나는 결코 출발하지 못했을 것이다

배인데
명색이 배인데
사람을 수백 명 태우는 큰 배인데
자동차도 수십 대 실을 수 있는 아주 큰 배인데
태어날 때부터 파도와 노닐도록 지어진 배인데
바다로 나서기가 망설여진다

동남풍인지 남서풍인지 바람이 있어도 아니 아주 없으면 더 불안하다 신이 난 깃발과 스크루만 철딱서니 없이 나댄다 누가 출항 여부를 결정하는지는 모르겠으나 이런 날씨에 결항이라면 누구라도 이해해 줄 것이다 연통이 각혈하듯 검은 연기를 쿨럭쿨럭 토해놓자 스크루 레버를 역추진으로 돌려놓는다 문이 닫히고 육지와 연결된 줄도 풀

렸다 내심 결항이 되기를 바랐지만

　십 년째 매일 두 차례 오가는 바닷길
　페타이어가 억눌린 가슴을 펼쳐 보이며
　멈칫거리는 배를 육지에서 힘껏 밀쳐낸다

큰 타원형을 그리며 바다 쪽으로 머리를 돌렸다 방파제 사이를 빠져나가면 망망대해다 떠났으므로 이제 어느 곳에든 닿을 수 있다 고개를 뒤로 젖힌 폐타이어가 입을 동그랗게 벌리며 웃고 있다 늘 마지막 결정은 그가 한다 가자 섬으로

낡은 신념

1.

뼈대에 붙여놓으면 주르륵 흘러내려
잘 뭉쳐지지 않는 오래된 신념과
점성을 잃은 메마른 시간만 앙상한 등걸에 기대
절대 익숙해지지 않는 오늘을 탓하고 있다
잔가시만 앙상한 나무는 그늘 한 점 만들지 못하고
오늘도 새는 날이 오지 않았다

2.

그는 오른손잡이였고 나는 왼손잡이였다
내가 왼손으로 팔매질하면
그는 오른손으로 칼을 휘둘렀지
우리는 사사건건 부딪쳤다 만일
내가 그의 오른쪽에 비켜서 있었다면
내 왼손이 그의 오른손을 잡거나
좌우 두 어깨를 걸칠 수도가 있었을 텐데 그런데
아니었다 그는 항상 내 오른편에 있거나
내 앞에서 나를 마주 보고 서 있었다
내 왼손도 그의 오른손도 자유로워서
언제든 팔매질이나 칼질이 가능하도록

아마도 마지막 몸짓인 듯
대가리도 심장도 없는 새 한 마리
앉을 곳을 찾지 못해 빈 날개만 퍼덕인다

못 이긴 척
그의 오른쪽으로 가서 기대볼까 슬며시
그의 어깨에 팔을 걸어볼까 더 늦기 전에
척 척 진심을 이개어 뼈대에 살을 붙이면 나무엔
물이 돌고 가지를 펼치고 이파리를 밀어낼까 너무 늦어
새는 다시 날아올까 너무 늦어서
살아는 있을까

예보가 빗나가지 않는 신박한 방식

오르내리는 것이 일상인 그의 기분을 읽어내는 것은 쉬웠다
변명거리가 줄어든 것도 그의 잘못은 아닌데
요즘엔 읽기보다 쓰기가 더 쉬웠다
띄어쓰기도 맞춤법도 그의 기분도
이제는 야바위꾼의 속임수도 알 것 같았다

물에 커피를 더하면 밍밍한 커피가 되는데
커피에 물을 더하면 아직도 물이다
물에 밍밍한 커피를 더하면 더 밍밍해지는데
밍밍한 커피에 물을 더하면 그래도 물이다
커피를 탄 물과 물에 탄 커피를 섞어 입에 머금고
왼쪽으로 두 번 다시 오른쪽으로 세 번 반 흔들어 목젖을 연다
그다음 그게 커피 탄 물인지 물에 탄 커피인지는 잊으면 된다
반드시 잊고 있다가 필요할 때 꺼내기만 하면 된다

야바위꾼의 손놀림엔 눈을 감으면 된다
희망에 절망을 더하면 밍밍한 절망이 되는데
절망에 희망을 더하면 아직도 희망이다

희망에 밍밍한 절망을 더하면 절망은 더 밍밍해지는데
밍밍한 절망에 희망을 더하면 그래도 희망이다

오르내리는 것이 일상인 그의 기분을 읽어내는 것은 쉬웠다
오늘 비가 올 확률은 50%다

우중몽유(雨中夢遊)

움직임을 멈춘 어둠이 혼탁함을 가라앉히면
검은 적막에 푸른빛이 감도는 시간
살아있는 모든 것은 숨이 멎는다
그는 익숙한 듯 자유롭다
몇 번째 반복되는 일인데도 큰 기대는 하지 않는다
그는 알겠다는 듯 고개를 끄덕인다 아무리 몸부림쳐도 떨치지
못한 슬픈 군더더기는 가난보다도 더 끈질기다
그는 조용히 돌아본다 하다만 일들과 새로 시작해야 될 일들
사이로 오래전 잃어버린 부끄러움 한 올이 생생하게
되살아난다 아마도 십 년도 훨씬 더 지난 차라리 기억나지
않았으면 더 좋았을 그는 깜짝 놀란다
위에서 아래로 왼쪽에서 더 안쪽으로 깊이를 알
수 없는 터널을 건너야만 하니까 지금 어디쯤 있는지
는 중요하지 않다 안 그런가, 그는 무표정이다
순서가 뒤바뀐 걸 알았다 그걸 미리 알았더라면 좋았을 걸
그랬다 그는 느릿느릿 걷는다
아무도 모르는 곳으로 도망쳐서 딱 1년만 살고 싶다
는 생각이 들었다 더 길어지면 그새 아는 사람이 생길까 봐

1년 만이다 그는 거품이 넘치지 않게 음료를 따른다
최대한 밝은 표정으로 아랫배에 힘을 주고 그러나
아무도 그에 대해 관심이 없다
그는 반가부좌로 눈을 감는다
때론 지름길보다 먼 길을 돌아서 간다
아마도 어릴 적 트라우마가 검은 흉터로 남아서일 것이다
그는 마스크를 쓴다
펼쳐진 지 오래된 빈 A4용지는 색이 누렇게 변했고
모나미 153 볼펜은 넘치는 욕망을 주체하지 못한다
그는 신발을 벗어 양손에 든다
그와 나는 닮았다
나는 달리기를 잘했고 그는 여행을 좋아했다
참 슬픈 일이다 다행이다
그는 불을 켤까 하다가 그대로 둔다
이제 더는 과거를 그리워하지 않을 것이다
한 줄로 배열된 시간을 섞어 시제를 재배치할 생각이다
그게 공평할 것 같다는 생각을 했다 슬프지만
그는 물끄러미 시계를 바라본다, 아니지 그건
그는 주머니에 손을 쑤셔 넣는다
줄기차게 퍼붓는 빗소리만 볼륨을 높인다
언제였는지 모르게 벌떡 일어난 그는
흐느끼듯 가늘게 어깨를 들썩인다
의식은 민감도를 최대치로 올리고

호랑가시나무에게

너를 처음 만나던 날을 잊을 수가 없어
무엇이 널 그렇게 사납게 만들었을까
뇌세포에 각인된 그 어떤 트라우마가
그리도 완강히 거부했던 것일까
손이라도 대려 하면 얼마나 앙칼지던지
너는 다섯 발톱을 치켜세우며 으르렁댔지
한시도 경계를 풀지 못한 채
사마귀의 세모난 얼굴로 시퍼렇게 날을 세웠지

긴 질풍노도의 시간이 지나고서야
너는 태풍의 눈처럼 바람 없는 심연에 들어앉았어
미움과 시기 질투의 마음에도 독기가 빠진 너는
날카로운 발톱을 거두고 둥글어진 평화가 넘쳤지
이제 진정한 어른이 된 너에게는
냉철한 가슴과 뜨거운 사랑이 있었지
너는 차가운 녹색 심장으로
티티새의 영롱한 핏빛 진주를 품고 있었지

성스러운 열매를 품은 너에게
반짝이는 은 종을 걸어주고 싶구나
Merry Christmas, holly-tree

욕심

수족관에서 익사한 물고기 사체 한 구를 꺼냈다
그곳에는 구피와 네온테트라 이십여 마리가 산다
식성이 얼마나 좋은지 하루에 1리터의 물을 마신다
멸치 크기의 반도 안 되는 작은 체구의 구피가
이틀에 비타민 음료 한 병씩의 물을 먹어 치운다
부검 결과 그의 사인은 익사가 아닌 욕심이었다

넙죽넙죽 시간을 잡아먹고 나니 아랫배가 더부룩하다
육십 년 동안 내가 섭취한 공기는 무려 320톤이다
남보다 커 보이려 복어처럼 배에 욕심을 가득 채웠다

물고기는 물을 과식해서 죽고
나도 세월을 과식해서 죽어가고 있다

키오스크(kiosk)

11시, 아직 이른 점심시간

기다리는 사람은 딱 하나
다음번이 내 차례이다
마음을 놓으며
막 순서가 되려는 찰나
눈총을 장전한 젊은이가 등 뒤에 서자
거짓이 들통난 듯 심박은 다시 불규칙해진다
아날로그 세상의 잔 다르크가
그놈만 만나면 수족이 오그라든다
갑자기 나는
어디서 중요한 전화라도 온 것인 양
다급한 목소리로 "여보세요…"를 외치며
손짓으로 뒷사람에게 자리를 양보한다
오늘도 생선가스 주문에 실패하고
벌써 몇 번째 다시 데워
서러워진 된장찌개를 식탁으로 옮긴다

천하에 인정머리 없고
참을성 없고 불친절한 데다가
말만 많고 어른 공경할 줄 모르는… 놈

〈

내일은 10시 반이다
30분 더 일찍 찾아가 그놈과 독대하여
기필코 사과문, 주문서를 받아내리라

석남사 훔쳐보기

- 210825 석남사 우중 문학기행

짙을 대로 짙어진 녹색을 양옆에 끼고
오르막이 시작된 지 얼마쯤 지났을까
막다른 길 오른편에 나타난 절벽 같은 돌계단
갈림길도 없이 곧게 뻗은 막막한 그 길은
숨 가쁘게 오르다 대웅전에서 멈춘다

움직임을 멈춘 경내는 빗소리조차 은밀하다

일체의 소음을 제거한 채
목탁 소리 염불 소리만 장엄하게 대웅전을 채운다
이 순간 습도 온도 기압 밀도 사람의 체온 공기의 흐름
세상의 그 어떤 악기로도 연주할 수 없고
최고급 오디오로도 재생 불가능한 천상의 음악이다

처마 끝 낙숫물은 바닥에 고드름처럼 박히고
붉은 배롱나무는 빗물이 간지러워 몸을 배배 꼰다
축대 위 기와지붕을 이고 있는 나지막한 돌담
담쟁이넝쿨은 빗줄기와 토닥토닥 신혼부부 같다
하얀 돌계단에는 작은 동심원들 나타났다가 사라지고
그 위를 빨간 우산 하나 유령처럼 콩콩 올라간다
몽롱하게 피어오르는 안개가 가슴으로 스며든다

고개를 젖혀 시선이 대웅전 용마루를 지나자
가파른 계단이 허공으로 이어진다

헛것이 보이는 것이 점심시간이 지난 것 같다 ㅎㅎ

석남사 영산전 뒤 뜰 처마 밑 두어 평 공간
비를 피하기엔 안성맞춤이다
마음 쉬이기도
아… 여기가 안성이구나!

산행 3구간에서

바퀴 달린 플라스틱 나비의 손잡이를 밀며
아토피로 볼이 붉은 계집아이 하나
좌우로 팔랑거리는 빛바랜 이미지 한 조각이
30년 세월을 거슬러 아이맥스 영상으로 되살아난다

산행의 두 번째 구간
완만한 능선의 산행 첫 구간이 끝나자
커다란 덩치의 가파른 산줄기가 앞을 가로 막고 섰다
누구도 가 본 적이 없는 모두가 초행인 산행이다
출발 구호와 함께 우르르 몰려드는 등산객들, 아수라장이다
목적지만 보이는 말 눈가리개를 쓴 채 밀고 밀리며
걷고 또는 기어서 쉼 없이 온 힘으로 정상에 올랐다
온몸은 상처투성이이고 체력은 고갈되었다
발아래 지나온 길이 얼마나 가파르고 위험했던지
돌아보니 아득하고 무모했다는 생각이 든다

씽씽카에 한 발을 올리고 다른 발로 땅을 밀치는
마스크를 쓴 작달막한 소녀의 까르름 곁에는
그윽한 눈으로 이를 지켜보는 볼 빨간 여인이 있다
그녀도 이제 막 두 번째 산행 구간을 출발했다

산행의 세 번째 구간은 내리막이다
정상의 위치에너지를 사용하여 출발했던 높이
해발 0미터로 다시 내려가면 된다
이 구간에서는 커다란 에너지가 필요하지 않다
대신 절제라는 브레이크와 지혜의 핸들이 필요하다
2구간에서 보지 못했던 소중한 것들을 보듬고 토닥이며
오르느라 밀쳤던 경쟁자들과 화해하며 천천히 갈 일이다

지금 2구간을 오르고 있는 그녀의 나중을 위해
내려오는 길 표지판에 적어 놓아야겠다
"내리막에서 바퀴 달린 시간은 멈추기 힘들다
욕심은 시간에 바퀴를 다는 어리석음이다"

* 3구간에서 아빠가

제로썸(ZERO SUM)

인간은
죽음을 전제로 태어난다
불완전에서 완전을 추구한다
완전한 것은 죽음이다

네가 서면 나는 앉을게
내가 볼록하거든 너는 오목해 줘
내가 더하면 너는 빼야만 돼
밝음과 어둠 만남과 헤어짐
남자와 여자 사랑과 미움 선과 악
이 세상 대칭되는 모든 것들을 더하면
영(ZERO)이 되어야 하니까

넘치는 것을 가져왔다
부족한 곳에 채웠다
마리아나 해구에는
에베레스트를 침몰시켰다

평평(EVEN)해졌다
온전한 평화는 죽음이다
멈추는 것이다

작품해설

공존 공생의 에콜로지적 시학

- 김 순 진(문학평론가 · 고려대 미래교육원 강사)

작품해설

공존 공생의 에콜로지적 시학

김 순 진

한 개의 종이컵을 보고 시를 쓸 때 시인들의 관심사는 단순한 종이컵에 국한하지 않는다. 종이컵이 높이 7.5mm, 지름 5.0mm, 무게 0.05g이라 하자. 그렇게 작은 종이컵이지만, 한 컵의 종이컵 물로 사람을 살릴 수도 있고, 종이컵 한 컵의 쌀이면 두 사람이 맛있는 밥을 먹을 수 있다. 10원짜리 한 컵은 아프리카나 동남아시아의 배고픈 어린이들에게 며칠 분량의 식량을 공급할 수 있는 양이다. 그러나 우리가 종이컵을 사용하기 때문에, 빽빽하던 숲에 살던 아마존이나, 수마트라섬의 원주민들은 삶의 터전을 잃고 대도시로 노동하러 가야 했을 것이다. 그 나무를 따라 몰래 들어온 엄청난 크기의 나방이 우리나라 강토를 좀먹기도 한다.

이유준 시인의 시는 종이컵 이론으로 전개된다. 종이컵을 단순하게 커피나 물을 마실 수 있는 수단으로서 바라보는 것이 아니라, 종이컵 이전의 평화로운 공존의 숲과 종이컵이 되기 위한 운반과정, 종이컵을 만드는 노동자의 손길, 그리고 종이컵의 역할에서 벗어나 또 다른 역할론으로

서의 종이컵은 시에 있어 그 운신의 폭을 무궁무진하게 펼쳐준다. 말하자면 사물을 그대로 사물로만 바라보는 것, 사물의 주변을 관찰하는 것, 사물 이면의 이야기를 채집하는 것, 사물의 역할과 사물과 인간의 연관관계를 바라보는 것이 이유준 시인이 써내는 시의 주된 방법이다.

인간은 만물의 영장이라는 말은 인간 이외의 자연에게는 독재성을 지닌 매우 위험한 말이다. 그 말은 인간이 동물을 함부로 죽여도 괜찮고, 식물을 함부로 베고 뜯어도 좋으며, 산을 헐어 집을 짓고 길을 내어도 좋다는 말, 물길을 바꾸거나 강을 막아도 괜찮다는 면죄부를 주는 말이 된다. 이는 우리에게 대기오염과 산사태, 범람이라는 재앙을 가져오게 한다. 이유준 시인은 그런 관점에서 벗어나 인간이 함부로 해서는 안 되는 자연, 함께 살아가야 하는 자연에 초점을 맞추는 에콜로지적 시학에 관심을 가진다.

이 시집에는 바다와 자연에 관한 시 50수와 인간의 삶에 관한 시 28수가 실려 있다. 그러나 두 종류의 시 78수 모두는 자아성찰과 자아실현에 목적을 둔다. 시는 이데올로기가 되어서는 안 된다. 북한처럼 체제를 찬양한다든지, 군주의 치적을 미화하기 위한 이데올로기 문학은 결국 독자로부터 외면받을 수밖에 없다. 그래서 문학은 자꾸만 새로운 방향으로 발전을 도모하게 되는데, 이유준 시인은 에콜로지적 시학, 즉 생태주의로 시의 방향을 정한다.

그럼 이쯤에서 이유준 시인의 시가 어떤 방향을 제시하며 독자에게 다가가고 있는지 살펴보기로 하자.

1. 바다를 통해 듣는 마음의 소리

1.
쾌속선이 놀이공원의 바이킹을 탄 듯하다
수천 길 바다에서 불과 한두 길 정도의 물결이다
뱃머리는 사납고 미끄덩하는 순간 가슴이 서늘하다

흑산도 유배길에 오른 선인들의 심정은 어떠했을까
칠흑같이 검은 바다는 깊이를 가늠할 수도 없다
집채 같은 파도는 거품을 물고 덤벼든다
아득한 수면에는 이정표조차 없다
해와 달이 몇 번을 번갈아 뜨고 또 졌다
내장을 죄 뒤집어 보여준 뒤에야 그곳에 도착했을 것이다
옥(獄) 섬은 한번 발을 들이면 살아나가기 어려웠다

육지가 못 견디게 그리워 속 태우던 아가씨도 이제는 없다
우이도로 마중 나가 아우를 그리던 손암도, 물질하던 창대도 없다
200년 나른한 시간만 쿰쿰한 냄새를 풍기며 삭아 내리고 있다

– 「흑산 바다 표류기」 부분

우리나라 사람들 중 흑산도를 모르는 사람은 거의 없다. '흑산도'하면 가장 먼저 잘 삭아 코를 콕 쏘는 쿰쿰한 홍어가 생각나지만, 조선시대의 유배지가 생각나기도 한다. 조선시대 흑산도에는 수십 명의 중앙 관리들이 유배되었다. 유배되었던 대표적인 선비로는 1721년 부제학 홍계적, 1740

년 좌의정 김재로, 1775년 이조판서 이담, 1801년 자산 정약전, 1876년 면암 최익현 등이 있다. 손암 정약전은 다산 정약용의 둘째 형으로 이 섬에 유배되어 흑산도 인근 바다에 사는 해양 생물의 명칭, 분포, 형태, 습성 등을 정리한 『자산어보』를 집필하였으며, 그곳에서 평생 후학들을 가르치다가 같은 신안군에 있는 섬 우이도에서 사망하였다. 이 시에 나오는 낚시꾼 창대는 작가 오세영이 쓴 소설 『자산어보』에 나오는 인물로 실존의 이름은 아니라고 추측된다. 이 시집에는 바다에 관한 시가 11편이 들어있다. 이는 이유준 시인이 그만큼 바다를 좋아한다는 뜻이다. 바다를 싫어하는 사람은 많지 않다. 대부분 바다를 좋아하고 해산물을 좋아하며, 섬을 좋아한다. 나도 그렇다. 그러나 이유준 시인이 바다를 좋아하는 이유는 행복을 주기 때문이 아니라 시련을 주기 때문이다. 흑산 바다는 그에게 '앨커트래즈'다. 앨커트래즈는 지옥의 섬이다. 미국의 샌프란시스코 해안에서 약 2.4km 떨어진 작은 섬인데 흉악범들을 수용했던 교도소였다. 아마도 유배되었던 선비들 역시 최악의 섬이었을 것 같다. 그러나 그들은 유배지에서 수많은 책을 저서를 저술하고 후학들을 가르쳤다. 위기를 기회로 삼은 셈이다. 이 시에서 이유준 시인 이틀 동안 흑산 바다에서 표류했다. 여객선이 풍랑을 만났을 때 그는 지옥을 체험했을 것 같다. 그러나 그는 위기를 기회로 삼아 이 시를 써냈고, 바다의 이미지에 대한 심오한 고민을 하면서 바다는 용서를 상징하면서 모든 것을 수용한다는 것을 깨닫는다. 그의 바다는 평상심을 상징하면서 어떤 경우라도 평온을 되찾는다. 그래서 이유준 시인의 바다는 아낌없이 주는 바다가 아니라 시련을 통해서 나를 성장시키는 바다에 초점이 맞춰져 있다.

> 검은 물결에 일렁이던 희미한 그림자
> 그녀가 풍만한 둔부를 물 밖으로 드러냈다
> 가슴속 허파에 가득 채운 욕망이 고갈되고
> 바튼 숨이 턱밑까지 차오를 때쯤
> 고래의 숨비소리 날카롭게 창공을 가른다
>
> 그녀에게 허락된 짧은 외출
>
> 하루 두 번의 자유, 긴 바닷속 잠행을 위해
> 폐 속 창고에 숨 쉴 연료를 차곡차곡 채운다
> 테왁에 가득 찬 바닷속 비밀 훌훌 벗어던지고
> 달빛에 목욕하고 바람의 향기로 린스를 한다
> 하얀 고래의 풍만한 속살을 힐끗 훔쳐보던 달
> 한껏 부풀어 올라 터지기 직전이다
> 감추는 듯 드러내는 그녀는 뭍의 욕망에 굶주려 있다
>
> (중략)
>
> 어둠 속으로 풍덩 뛰어든 그녀
> 먼바다 깊은 곳에 가라앉지 못하고
> 다시 이작도 풀등에선 휘파람 소리 들릴 것이다
>
> -「이작도엔 고래가 산다」 전문

이작도는 인천광역시 옹진군 자월면에 있는 섬이다. 지명으로는 이작리다. 이작도는 대이작도와 소이작도가 있는데, 대이작도 앞에는 썰물 때만 하루 두 번 나타나는 '풀등', 또는 '풀치'라 불리는 모래섬이 있다. 이유준 시인은 이 모래섬이 마치 고래처럼 보여서, 「이작도에는 고래가 산다」라는 제목의 이 시를 쓰게 되었다. 어찌 보면 여인의 둔부 같기도 한 '풀등'은 이 근처 바다에 살면서 하루 두 번 회귀하는 마음의 회귀 어종이다. 풀등이란 이름은 고래의 등을 연상케 하고 '풀치'란 이름은 갈치의 새끼를 '풀치'라 부르듯 모래섬의 모양이 갈치 새끼처럼 보여서 불렀던 이름일 수도 있다. '이작도'하면 떠오른 것은 〈섬마을 선생님〉이란 영화다. 이 영화는 원래 극작가 이경재가 써서 1966년 방송되었던 KBS 라디오 드라마 〈섬마을 선생님〉의 주제가로 지어진 가사라 한다. 이경재가 작사하고 박춘석이 작곡해 이미자가 부른 '섬마을 선생님'이란 노래가 빅히트하게 되자 이듬해인 1967년에 문희 주연의 〈섬마을 선생님〉이란 영화가 제작되기도 했다. 그런 사연이 있는 이작도에 사는 고래, '풀등'은 이작도가 존재하는 한, 그 섬에 사람들이 찾아가는 한 죽지 않고 영원히 살아갈 것이다. 이 시에서 이유준 시인은 상상 속의 고래 '풀등'을 3인칭 은유심상법의 '그녀'로 놓고 진술을 이어 나간다. 전자의 시 「흑산 바다 표류기」가 시련 체험을 통한 자아실현의 모티브로 삼았다면, 후자의 시 「이작도엔 고래가 산다」는 안정적인 삶을 통한 자아실현의 모티브로 삼는다. 요즘 매우 추운 날이 이어지고 있다. 그런 맹추위는 따스

한 집이 주는 감사함을 알게 한다. 질풍노도 앞에서 나약해지고 작아질 수밖에 없는 경험의 「흑산 바다 표류기」와 대비되는 사랑의 모티브 「이작도엔 고래가 산다」의 두 시는 달과 해, 슬픔과 기쁨, 어둠과 밝음 등 우주의 진리를 깨닫게 하는 시라 할 수 있다.

2. 자연을 통해 듣는 마음의 소리

전라북도 익산시 왕궁면 왕궁리 374-2
탱자나무 울타리와 함석 대문은 사라졌다
건물이 앉았던 자리는 과실나무 몇 그루가 터를 잡았다
토박이 잡초와 새로 이사 온 꽃들은 몇 년째 영토분쟁 중이다
외양간에는 늙은 누렁소 대신 젊고 하얀 목련이 들어앉았다
식어버린 아궁이에는 삐쩍 마른 대추나무가 추워서 오들거린다
깨진 요강 조각은 실성한 듯 히번덕 하얀 눈을 흘긴다
쥐가 무서웠던 심약한 고양이는 근엄하게 순찰 중이시다

(중략)

내 고향 신정리는 지금 차곡차곡 비워지는 중이다
지난해까지 깔끔했던 동네 어귀의 논이 잡초로 그득하다
담과 벽이 허물어지고 또 한 채의 집이 풀숲이 되었다

－「에콜로지 보고서」 부분

에콜로지(ecology)는 우리말로 '생태학'이라 번역된다. 생태학이란 생물과 생물의 환경을 다루는 학문이다. 식량이 부족한 과거의 생물학자들의 관심사에는 식용작물을 우선했다. 소출이 많은 식량작물을 연구했고, 급기야 유전자를 변형한 작물이 생산되기에 이르렀다. 그래서 기존의 작물보다 월등히 수확량이 많거나 큰 작물 연구에 몰두했었다. 그래서 통일벼가 육종되고, 엄청난 크기의 호박이나 유전자변형콩이 육종되기도 했다. 식량 부족에서 오는 영양결핍을 해결하고져 화학비료가 엄청나게 땅에 뿌려졌고, 맹독성 농약이 농작물에 살포되었다. 그래서 사람들에게 아토피 같은 고질적인 피부병과 중금속 오염에 따른 괴질이나, 암환자가 기하급수적으로 늘어나기에 이르렀다. 이에 사람들은 환경에 대한 경각심을 깨닫고 보다 안전한 지구환경에 대하여 대책을 세우고, 공기정화식물, 수질정화식물 등을 심으며 삶의 환경개선을 위하여 연구하고 시도하기에 이르렀으니 이를 생태학(ecology)이라 이르고 이런 류의 연구를 하는 사람이나 연구활동을 생태주의(ecologism)이라 한다. 이런 생태주의는 비단 현대사회에서만 진행된 것은 아니었다. 일찍이 동양사상의 기원이라 불리는 『논어(論語)』와 『맹자(孟子)』에는 나무와 물고기, 새 등이 모두 사람들 편의에 따라 자르고 죽여도 되는 존재였다. 그에 반하여 『노자(老子)』와 『장자(莊子)』에서는 자연이 함부로 해도 되는 존재가 아니라, 인간과 같은 공간에서 함께 살아가야 할 존재로서의 자연을 바라보고 있다.

이유준 시인이 인간은 만물의 영장이고 인간이 우선한다는 인본주의(人本主義)의 틀에서 벗어나, 함께 하는 자연, 즉 함부로 해서는 안 되는 자연, 노장사상(老莊思想)에 초점을 맞춘다.

승리의 굿 마당엔 노란 만장이 펄럭이었다
그 영혼의 홀씨는 장송곡처럼 허공에 뿌려졌다
먼 곳으로 가거라, 훠이…

(중략)

적장 李氏는 최신 화학무기로 무장하였다
그는 솜털 하나라도 다칠세라 전투태세다
몸을 낮추고 뿌리를 깊이 쑤셔 박는다
목 하나가 잘리면 둘을 만들어내는 히드라의 전술로
임전무퇴 백병전으로 첨단무기와 맞설 것이다

유월이면 그는 다시 샛노란 승전가를 울리고
희망의 솜털 풍선을 날릴 것이다

–「민들레의 투쟁사」 전문

이 시는 민들레의 측면에서 쓰여진 시다. 민들레가 척박한 환경을 딛고 보도블록 사이에서 꽃을 피우면, 그것을 본 우리는 '어떻게 이런 데서 꽃을 피웠니? 너, 참 대단하다.'고 말할 수 있다. 그것은 민들레의 개척정신을 높이 보는 관점이다. 이 세상 모든 생물은 살기 위해 전쟁을 불사

한다. 우리는 파리나 모기를 해충이라 하고, 멧돼지이나 쥐를 유해 동물이라고 하지만 그렇게 표현하는 것은 인간의 측면에서만 그렇다. 그들은 결코 사람에게 피해를 주기 위해 태어나지 않았다. 다만 파리는 음식물을 통해 양분을 흡수할 수 있고, 모기는 동물의 피를 통해 생명을 유지할 수 있으며, 쥐는 사람과 같이 곡식을 먹는 동물이기 때문에 인간이 재배한 농작물을 먹는 것이고, 멧돼지는 산에서 나무뿌리를 캐 먹는 것보다 농작물로 심은 고구마나 감자가 더 맛있고 캐기 쉬울 뿐이다. 파리, 모기, 쥐, 멧돼지는 사람에게는 유해(有害)한 객체들이지만, 그들은 번식하고 영역을 확장되어야만 하는 의무감이 DNA 속에 내재돼 있다. 그런 관점에서 바라본다면 민들레도 종족을 번식시키기 위해 대단한 계략을 지녔다. 세계 어느 나라에도 민들레가 없는 나라는 없다. 적도 지방에도 민들레는 있으며, 그린란드나 북극지방에 가까운 툰드라 지역에서 가장 먼저 꽃을 피우는 것은 민들레다. 민들레는 자기 종족을 퍼트리기 위해 멀리멀리 날아가게 하는 방법을 택했다. 그러나 모체(母體)와 전혀 다른 방향으로 날아가 뿌리내리게 한다는 면에서 뼈를 깎는 골육지책(骨肉之策)이었을 것이다. 이 시에서 나타난 최신 화학무기로 무장한 '적장 李氏'는 이유준 시인 자신이다. 민들레는 척박한 벌판에 피어나면 꽃이지만, 밭에 피어나면 잡초다. 곡식이나 채소를 잘 가꾸기 위해 잡초는 뽑아내야 하는데, 노란 꽃을 피우는 민들레도 예외는 아니다. 농경지를 경작하는 사람들은 민들레를 바랭이, 쇠비름 등과 같이 잡초로 생각하고 호미를 깊이 들이밀거나 제초제를 사용해 고사시킨다. 그런 호미와 제초제, 화염방사기와 같은 현대식 기법으로도 민들레를 멸종시킬 수는 없다. 이 지구가 존재하는 한 파리와 모기, 쥐와 멧돼지, 나팔꽃과 민들레는 함께 공존할 것이다. 이유준 시인은 그런 민들레의 개척정신과 투쟁정신을 이 시에서 높이 평가하고 있는 것이다.

3. 사회 현상을 통해 듣는 마음의 소리

인간들에게 계엄령이 내려졌다
나를 포함한 모든 인간이 체포되고 구금되었다
전자발찌를 채우고 행동반경을 제한했다
범법자는 독방에 가두고 접근 금지령을 내렸다
마스크를 씌워 발언의 자유조차 제한했다
5호 담당제로 서로를 감시하게 했다

(중략)

하늘이 비로소 하늘색 옷을 입게 되던 날
숲에서는 생명들이 수군대는 소리가 들렸다
물고기들은 천방지축 뛰어다니고
돌고래가 축하 비행을 하고 꽃은 더욱 붉어졌다
새들은 왈츠 리듬에 맞춰 갈라쇼를 하며 링크를 활주한다

19년생 고론아는 절망이지만 희망이다
인간 스스로 할 수 없던 일을 대신해주는 고론아
그가 희망이라는 걸 인간들만 모른다
자신들이 어떤 죄로 처벌받고 있는 것인지

-「19년생 고론아」 전문

'19년생 고론아'는 코로나19 바이러스를 사람의 이름처럼 의인화한 표현이다. 고론아라는 말에서 우리는 괴로움을 연상한다. 인간들이 자연을 해치고 먹어서는 안 될 식재료로 사용함으로 인해 코로나19나 메르스 같은 전염병과 조류독감, 구제역과 같은 동물들의 전염병이 창궐하기에 이르렀다. 코로나19로 인해 사람들은 괴로운 생활을 해야만 했다. 코로나19에 감염된 사람은 2주 이상 자가치료를 진행했고, 급기야 2020년 말에는 5인 이상 모이지 말라는 '5인 이상 집합금지명령'이 하달되기에 이르렀다. 그래서 우리 한국스토리문인협회처럼 모임을 매개로 활동하는 문학단체들은 모임을 할 수 없었고, 전국의 그 많던 산악회와 걷기 모임은 자동으로 유예되었다. 그에 따라서 전국의 수많은 관광버스와 관광버스 기사들은 긴 휴업에 들어가야만 했다. 사람이 모이면 안 된다고 하니, 상점들은 줄도산하면서 폐업의 수순을 밟기도 했다. 그러나 코로나19에도 크나큰 공로가 있다. 서로 자기들이 옳다며 당파싸움하는 국회의 입을 막은 공로가 있다. 강도나 사기꾼이 나다닐 수 없도록 방범한 공로가 있다. 교통사고를 줄인 공로가 있다. 날로 폭력적이고 개인주의로 빠져드는 국민정서에 눈물을 흘리게 하고 서로의 안부를 묻게 한 공로가 있다. 코로나19는 삶과 죽음의 경계에 있었고, 안과 밖의 경계에 있었고, 만남과 단절의 경계에 있었다고 인정된다. 그러나 이유준 시인은 한발 더 나아가 코로나19의 폐해를 "삶과죽음 행복과불행 부유와빈곤 동양과서양 흑인과아시안 / 모이는것과흩어지는것 진짜와가짜 신과인간 정의와불의 /

전체와하나 피해자와가해자 천사와악마 실제와상상 / 순간과영원 축복과저주 오만과편견 영웅과악당 민주와독재 / 남자와여자 화이자와아스트라제네카 중국과미국"로 확장시켜 바라본다. 이유준 시인의 이러한 시각이 시가 주는 경우의 수다. 이유준 시인은 '코로나19'라는 소재에서 다양한 경우의 수를 나열하고, 그중에 필요로 하는 부분을 채택해 시로 기술하고 있다.

11시, 아직 이른 점심시간

기다리는 사람은 딱 하나
다음번이 내 차례이다
마음을 놓으며
막 순서가 되려는 찰나
눈총을 장전한 젊은이가 등 뒤에 서자
거짓이 들통난 듯 심박은 다시 불규칙해진다
아날로그 세상의 잔 다르크가
그놈만 만나면 수족이 오그라든다
갑자기 나는
어디서 중요한 전화라도 온 것인 양
다급한 목소리로 "여보세요…"를 외치며
손짓으로 뒷사람에게 자리를 양보한다
오늘도 생선가스 주문에 실패하고
벌써 몇 번째 다시 데워
서러워진 된장찌개를 식탁으로 옮긴다

– 「키오스크(kiosk)」 부분

얼마 전 아내와 구파발 롯데몰 안에 있는 CGV 영화관에 가서 〈서울의 봄〉이란 영화를 보았다. 집에서 인터넷으로 예매해서 티켓을 인쇄해갔으니, 따로 티켓을 살 필요가 없어 참 편리했는데, 문제는 팝콘과 콜라를 사려 할 때 생겼다. 키오스크(kiosk)로 주문해야 하는데 카드를 넣고 팝콘과 콜라를 사려고 했지만, 지난 20년 동안 출판사를 운영하면서 컴퓨터 작업을 해온 내가 키오스크로 물건을 주문하지 못했다. 식당에서 키오스크로 음식을 고를 때는 쉬웠는데, 영화관의 키오스크는 티겟 구매에서부터 여러 종류의 음식과 다양한 카테고리 안에 다양한 메뉴가 내장되어 있었으나, 카드를 넣고 아무리 결재를 누르려 해도 눌러지지 않아, 시간에 쫓기며 인근 커피매장에 가서 콜라와 구운 오징어 세트를 사 들고 영화관으로 들어간 적이 있다. 외국인 관광객들이 한국에 오면 놀라는 것이 너무나 많은데, 첫 번째로는 모든 것이 신용카드 시스템으로 이루어졌다는 점이라 한다. 두 번째로는 식당이나 카페 등에서 카운터 앞에 줄을 서서 주문하던 것이 이젠 키오스크 시스템으로 좌석에서 직접 주문하게 되어 있다. 세 번째로는 식당에서 로봇들이 서빙하고 있는 것이라 한다. 그밖에도 넓고 편리한 인천공항이나 도시철도 시스템, 그리고 전철과 버스의 환승 시스템, 식당 벨, 배달문화 등 외국인 관광객들이 놀랄만한 것이 한두 가지가 아니지만, 세계 최고 수준의 인터넷 속도와 키오스크를 통한 음식 주문, 티켓팅 등의 시스템은 어지간히 순발력 있는 노장년층이 아니고서는 따라가기 어렵다. 이유준 시인도 필자처럼 점점 더

발전해가는 컴퓨터 시스템이 부담스러울 것이다. 생선가스를 시키다가 못 시키고 사무로 되돌아와 몇 번씩 데워 먹던 된장찌개를 데우는 심정이 짠하기까지 하다. 그렇지만 우리 386세대들에게도 할 말이 있다. 공돌이와 버스 안내양으로 대표되는 세대의 우리들은 우리나라의 경제를 부흥시킨 세대다. 현대사회의 그 많은 건물들을 노동으로 세워 울렸고, 지하실과 2층으로 대표되는 가내수공업의 살인적인 노동을 견뎌왔고, 돈을 감추었다는 사용자들의 의심을 견디며 만원버스의 승객들을 여린 몸으로 밀어 올리며 산업 역군과 고학력시대를 실어 날랐다. 가난과 허기를 견디면서도 콩 한 쪽도 이웃과 나눠 먹고, 누구의 아이든 밥을 먹이고, 비좁은 방을 내주어 친척들의 공부를 도운 정(情)이라는 것이 우리 장년층에게는 있다. 따라서 배고픈 사람을 옆에 두고 혼자 먹는 것이 부끄러움이지, 키오스크로 음식을 주문하지 못하는 것은 부끄러움이 아니다.

이상에서처럼 이유준 시인의 시 6수를 읽어보면서 그의 시세계를 여행해 보았다. 나는 이유준 시인의 이 시집은 크게 세 가지 부분으로 나누어 분석해보았다. 이유준 시인은 바다를 매우 좋아한다. 이 시집에는 "섬, 흑산바다 표류기, 이작도엔 고래가 산다, B-side 마지막 트랙, 삽시도 고해성사, 바다횟집, 세치, 선유도, 과메기의 다비식, 가을 곰소에서, 가자 섬으로" 등 바다에 관한 시가 11수가 실려 있다. 이 시집에 실린 80여 편의 시에서 11편, 15%에 육박하는 바다시를 써낸 것은 그의 내면에 외부로의 동경,

즉 꿈을 향한 진행이 그만큼 강하다는 뜻으로 풀이된다. 인간의 다양한 관심사 중에 특히 시는 자연을 모방할 수밖에 없는 현실이다. 일찍이 시는 자연을 통해 사회를 고발하고, 마음을 다잡으며, 이야기를 전개해나갔다. 자연은 인간의 최고의 스승이라 했듯이 이유준 시인 역시 자연에 관한 수많은 시를 통해 내면을 성찰해나간다. 인간은 사회가 발전하면서 끊임없이 새로운 현상을 접하며 살아간다. 그것이 코로나19, 사스, 메르스 같은 전염병이든 폴더형 스마트폰, 키오스크 같은 물건이든, 아니면 솔혼, 해식, 구소조정 같은 사회 현상은 수명이 늘어나 100여 년 동안 살아가야 하는 현대인들에게는 '얼마만큼 빠르게 적응하느냐'가 성패를 가름한다.

이유준 시인의 시에서는 사람이든 사물이든 자연이든 함께 공존하며 살아간다. 거기에다 자연과 사회 현상을 읽어내는 특별한 눈, 나눔과 정을 실천하려는 따스한 마음, 한발 먼저 다가가 손을 내미는 적극성을 가졌다. 따라서 나는 이유준의 시를 "바다를 통해 듣는 마음의 소리", "자연을 통해 듣는 마음의 소리", "사회 현상을 통해 듣는 마음의 소리"의 에콜로지적 시학이라 평한다.

이유준 시집
에콜로지 보고서

초판발행일 2024년 2월 7일

지은이 : 이유준
발행인 : 김순진
편집장 : 전하라
디자인 : 김초롱
펴낸곳 : 도서출판 문학공원
등 록 : 2004년 3월 9일 제6-706호
주 소 : (우편번호 03382) 서울 은평구 통일로 633
녹번오피스텔 501호 스토리문학사
전 화 : 02-2234-1666
팩 스 : 02-2236-1666
홈페이지 : https://blog.naver.com/ksj5562
이메일 : 4615562@hanmail.net

※ 책값은 뒤표지에 있습니다.